板書で見る 理科

全単元・全時間 の授業のすべて

小学校 5 年

科

鳴川哲也・鈴木康史 編著

東洋館
出版社

まえがき

　平成29年３月に学習指導要領が告示されました。２年間の移行措置期間を経て、新小学校学習指導要領は令和２年度より全面実施されます。

　今回改訂された学習指導要領には、予測困難な社会の変化に主体的に関わり、感性を豊かに働かせながら、どのような未来を創っていくのか、どのように社会や人生をよりよいものにしていくのかという目的を自ら考え、自らの可能性を発揮し、よりよい社会や幸福な人生の創り手となる力を身に付けられるようにすることが重要であるという考えが根底に流れています。そのために、これまで育成を目指してきた「生きる力」をより具体化し、育成を目指す資質・能力が三つの柱で整理されました。このような趣旨を踏まえ、小学校理科は以下のような改善がされました。

■　目標の示し方が変わりました

　資質・能力が「知識及び技能」、「思考力、判断力、表現力等」、「学びに向かう力、人間性等」の三つの柱で整理されたことを受け、目標もこの三つで示されました。また、柱書部分には、どのような学習過程を通して資質・能力を育成するのかについても明確にされました。

■　「理科の見方・考え方」が示されました

　「見方・考え方」とは、各教科等の特質に応じた物事を捉える視点や考え方として定義されました。各内容において、子供が自然の事物・現象を捉えるための視点や考え方を軸とした授業改善の取組を活性化させ、理科における資質・能力の育成を目指すことになります。

■　資質・能力を育成する学びの過程が重視されました

　従来、小学校理科では、自然の事物・現象に対する気付き、問題の設定、予想や仮説の設定、検証計画の立案、観察、実験の実施、結果の処理、考察、結論の導出といった問題解決の過程を重視してきました。この問題解決の過程において、どのような資質・能力の育成を目指すのかが明確になりました。それが具体的に示された「問題解決の力」です。

　本書は、このような小学校理科における学習指導要領改訂の趣旨を十分理解し、先駆的に授業に取り入れて実践を積み重ねている全国の先生方が分担して執筆したものです。本書から、小学校理科で大切にすることがご理解いただけると思います。読者の皆様の教職経験のステージに合わせてご活用いただき、日々の授業改善を行っていただければ幸いです。理科好きの子供たちが増えることを願ってやみません。

　最後になりますが、本書の編集に当たりご尽力いただいた先生方、編集、執筆に当たりご助言くださいました東洋館出版社編集部の皆様に心より感謝申し上げます。

令和２年２月吉日

鳴川　哲也

本書活用のポイント―単元構想ページ―

　本書は、各学年の全単元・全時間について、単元全体の構想と各時間の板書のイメージを中心とした本時案を紹介しています。各単元の冒頭にある単元構想ページの活用のポイントは次のとおりです。

単元名

　単元の並び方は、平成29年告示の学習指導要領に記載されている順番で示しています。実際に授業を行う順番は、各学校のカリキュラム・マネジメントに基づいて工夫してください。

単元の目標

　単元の目標は、平成29年告示の学習指導要領から抜粋しています。各単元で身に付けさせたい資質・能力の全体像を押さえておきましょう。

評価規準

　ここでは、指導要録などの記録に残すための評価を取り上げています。本書では、記録に残すための評価は、①②のように色付きの丸数字で統一して示しています。本時案の評価で思①などと登場したときには、本ページの評価規準と併せて確認することで、より単元全体を意識した授業づくりができるようになります。

1　燃焼の仕組み　A (1)　(8時間扱い)

単元の目標

　空気の変化に着目して、物の燃え方を多面的に調べる活動を通して、燃焼の仕組みについての理解を図り、観察、実験などに関する技能を身に付けるとともに、主により妥当な考えをつくりだす力や主体的に問題解決しようとする態度を育成する。

評価規準

知識・技能	思考・判断・表現	主体的に学習に取り組む態度
①植物体が燃えるときには、空気中の酸素が使われて二酸化炭素ができることを理解している。 ②燃焼の仕組みについて、観察、実験などの目的に応じて、器具や機器などを選択し、正しく扱いながら調べ、それらの過程や得られた結果を適切に記録している。	①燃焼の仕組みについて、問題を見いだし、予想や仮説を基に、解決の方法を発想し、表現するなどして問題解決している。 ②燃焼の仕組みについて、観察、実験などを行い、物が燃えたときの空気の変化について、より妥当な考えをつくりだし、表現するなどして問題解決している。	①燃焼の仕組みについての事物・現象に進んで関わり、粘り強く、他者と関わりながら問題解決しようとしている。 ②燃焼の仕組みについて学んだことを学習や生活に生かそうとしている。

単元の概要

　第1次では、物が燃える現象を十分に観察し、その仕組みや燃やし続けるための方法について話し合う。その際、空気に着目して、物が燃える現象について疑問をもち、既習の内容や日常生活と関係付けながら、物を燃やし続けるための条件を考えることで、燃焼の仕組みについての自分の考えを深めることができるようにする。また、実験を通して、ろうそくが燃え続けるには、常に空気が入れかわる必要があることを捉えられるようにする。

　第2次では、空気を構成している気体に着目し、物を燃やす働きのある気体について実験を通して追究する。その結果を基に、酸素には物を燃やす働きがあることや、窒素や二酸化炭素には物を燃やす働きがないことを捉えられるようにする。なお、空気には、主に、窒素、酸素、二酸化炭素が含まれていることを捉えることができるようにする。

　第3次では、空気中の酸素や二酸化炭素の割合に着目して、燃える前と燃えた後の空気の変化について実験を通して追究する。その結果を基に、物が燃えるときには、空気中に含まれる酸素の一部が使われて、二酸化炭素ができることを捉えられるようにする。その際、石灰水や測定器具を用いて、「質的・実体的」な見方を働かせて物が燃えたときの空気の変化について捉え、図や絵、文を用いて表現することで、燃焼の仕組みについて自分の考えを深めたり、説明したりできるようにする。

単元の概要

　単元において、次ごとにどのような内容をおさえるべきなのか、どのような学習活動を行うのかという概要をまとめています。

ここでは、各単元の指導のポイント
を示しています。

(1)本単元で働かせる「見方・考え方」
では、領域ごとに例示されている
「見方」、学年ごとに例示されてい
る「考え方」を踏まえて、本単元
では主にどのような見方・考え方
を働かせると、資質・能力を育成
することができるのかということ
を解説しています。

**(2)本単元における「主体的・対話的で
深い学び」**では、本単元の授業に
おいて、「主体的な学び」「対話的
な学び」「深い学び」を実現するた
めに、授業においておさえるべき
ポイントを示しています。

指導のポイント

(1)本単元で働かせる「見方・考え方」

　燃焼する仕組みについて、主に「質的・実体的」な見方を働かせ、燃焼の前後における気体の体積
の割合を調べる活動を通して、「物が燃えるときには、目には見えないけれど、集気瓶の中には空気が
ある」、「物が燃えた前後で空気に違いがある」といった視点をもって、「物が燃えると空気中の酸素の
一部が使われて二酸化炭素ができる」ことなどを捉えるようにする。また、物が燃える前と後におけ
る空気の変化について、物の燃焼と空気の性質や組成の変化と関係付け、第6学年で重視される「多
面的に考える」という考え方を用いて、燃焼の仕組みについてまとめるようにする。

(2)本単元における「主体的・対話的で深い学び」

　本単元では、空気の変化に着目して、物の燃え方を多面的に調べる活動を通して、燃焼の仕組みに
ついての理解を図る。そこで、燃焼の仕組みについて、「主体的・対話的で深い学び」を通して、より
妥当な考えをつくりだし、問題を解決していく過程を工夫する。例えば、実験の結果から物が燃える
と酸素が減って、二酸化炭素が増えることを学習するが、「一度火が消えた集気瓶の中で、もう一度物
を燃やすことができるの？」「ろうそくが燃える前と後の集気瓶の中の空気の違いを、図を使って説明
するとどうなるの？」「木や紙などが燃えるときにも同じことが言えるの？」などの働きかけにより、
多面的に考えるといった考え方を働かせ、他者と関わりながら、問題を科学的に解決しようとする学
習活動の充実を図るようにする。

指導計画（全8時間） 詳細の指導計画は 📄 01-01参照

次	時	主な学習活動	評価
1	1	○ろうそくを燃やし続けるために必要な条件について話し合う。	(思①)
	2	**実験1** 燃えているろうそくに、底のない集気びんを被せてふたをし、ろうそくの火を観察し、燃焼と空気の関係を調べる。	(思②)
2	3	○空気中に存在する窒素、酸素、二酸化炭素に着目し、ろうそくを燃やす仕組みについて考える。 **実験2** 窒素、酸素、二酸化炭素にはろうそくを燃やす働きがあるかを調べる。	(知②)
3	4	○ろうそくが燃える前と後とで空気はどのように変わるのか予想する。	思②
	5	**実験3** ろうそくが燃える前と燃えた後とで空気はどう変わるか、石灰水や気体検知管等で調べる。	知②
	6	○実験結果を基に、ろうそくが燃えると空気中の酸素が使われ、二酸化炭素ができることをまとめる。	態①
	7	○実験結果を基に、ろうそくが燃えるのに必要な酸素の割合について考える。	思①
	8	○物が燃えるときの空気の働きについて、学習したことをまとめる。	知①・態②

指導計画

　単元の目標や評価規準、指導のポイントなどを押さえた上で、授業をどのように展開していくのかの大枠をここで
押さえます。それぞれの学習活動に対応する評価をその右側の欄に示しています。

　ここでは、「評価規準」で挙げた記録に残すための評価に加え、本時案では必ずしも記録には残さないけれど指導
に生かすという評価も（　）付きで示しています。本時案での詳細かつ具体的な評価の記述と併せて確認すること
で、指導と評価の一体化を意識することが大切です。

本書活用のポイント─本時案ページ─

単元の各時間の授業案は、板書のイメージを中心に、目標や評価、授業の流れなどを合わせて見開きで構成しています。各単元の本時案ページの活用のポイントは次のとおりです。

本時のねらい

ここでは、単元構想ページとは異なり、各時間の内容により即したねらいを示しています。

本時の評価

ここでは、各時間における評価について示しています。単元構想ページにある指導計画に示された評価と対応しています。各時間の内容に即した形で示していますので、具体的な評価のポイントを確認することができます。なお、以下の2種類に分類されます。

○思①などと示された評価

指導要録などの記録に残すための評価を表しています。

○（思①）などと示された評価

必ずしも記録に残さないけれど、指導に生かす評価を表しています。以降の指導に反映するための教師の見取りとして大切な視点です。

準備するもの

ここでは、観察、実験に必要なもの、板書づくりに必要なものなどを箇条書きで示しています。なお、●の付いているワークシートや掲示物は、本書付録の DVD にデータが収録されています。また、板書例に示されているイラストや図も DVD に収録されているので、ワークシートやプリントを作成する際にご活用ください。

第①時
ろうそくを燃やし続けるための条件について、問題を見いだし、予想や仮説をもつ

本時のねらい
・燃焼するための条件に目を向け、追究する問題を見いだし、予想や仮説をもつことができる。

本時の評価
・燃焼の仕組みについて問題を見いだし、予想や仮説を発想し、表現するなどしている。（思①）

準備するもの
・写真資料
・集気瓶
・燃焼さじ
・燃えがら入れ
・ろうそく
・集気瓶のふた
・マッチ（ライター）
・濡れ雑巾

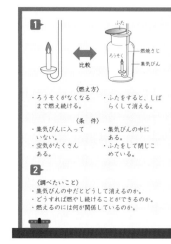

1
〈燃え方〉
・ろうそくがなくなるまで燃え続ける。
・ふたをすると、しばらくして消える。

〈条件〉
・集気びんに入っていない。
・空気がたくさんある。
・集気びんの中にある。
・ふたをして閉じこめている。

2
〈調べたいこと〉
・集気びんの中だとどうして消えるのか。
・どうすれば燃やし続けることができるのか。
・燃えるのには何が関係しているのか。

授業の流れ ▷▷▷

1 集気瓶の中と外でろうそくの燃え方を比較して、気付いたことを交流する 〈7分〉

・提示された集気瓶の中と外にあるろうそくの燃え方を見て、気付いたことを発表する。
・ろうそくが燃える様子を比較して、「燃え方」「条件」などに目を向けて考える。
『（集気瓶の中と外にある）2つのろうそくを比べて、どんなことに気付きますか』

2 調べてみたいことを話し合い、追究する学習問題をつくる 〈8分〉

・2つのろうそくの火の観察から調べたいことを考え、発表する。
・調べたいことを整理し、全体で追究する問題を共有する。
『どのようなことを調べてみたいですか。気付いたことを基に考えてみましょう』

ろうそくを燃やし続けるための条件について、問題を見いだし、予想や仮説をもつ
024

子供たちの学びを活性化させ、授業の成果を視覚的に確認するための板書例を示しています。学習活動に関する項立てだけでなく、子供の発言例なども示すことで、板書全体の構成をつかみやすくなっています。

板書に示されている **1** **2** などの色付きの数字は、「授業の流れ」の各展開と対応しています。どのタイミングで何を提示していくのかを確認し、板書を効果的に活用することを心掛けましょう。

色付きの吹き出しは、板書をする際の留意点です。これによって、教師がどのようなねらいをもって、板書をしているかを読み取ることができます。留意点を参考にすることで、ねらいを明確にした板書をつくることができるようになります。

これらの要素をしっかりと把握することで、授業展開と一体となった板書をつくり上げることができます。

---

3 ろうそくの火が消えた理由を話し合い、燃え続けるための条件について予想する〈15分〉

・既習の内容や生活経験を基に、集気瓶の中に入れたろうそくの火が消えた理由を考え、ノートに書く。
・燃え続けるときと燃え続けないときについて、「比較する」考え方を働かせる。
「集気瓶の中でろうそくの火が消えた理由を考えてみましょう」

4 燃え続けるための条件について交流し、次時の学習の見通しをもつ 〈15分〉

・一人一人が考えた理由を基に、ろうそくを燃やし続けるために必要な条件について話し合う。
・ろうそくを燃やし続けるために関係していることは「空気」であるという予想を共有する。
「ろうそくを燃やし続けるために必要な条件には『空気』が関係していそうですね。『空気』に着目して調べていきましょう」

授業の流れ

1時間の授業をどのように展開していくのかについて示しています。

各展開例について、主な学習活動とともに目安となる時間を示しています。導入に時間を割きすぎたり、主となる学習活動に時間を取れなかったりすることを避けるために、時間配分もしっかりと確認しておきましょう。

各展開は、「　」：教師の発問や指示等、・：主な活動、＊：留意点等の3つの内容で構成されています。この展開例を参考に、各学級の実態に合わせてアレンジを加え、より効果的な授業展開を図ることが大切です。

板書で見る全単元・全時間の授業のすべて
理科 小学校 5 年
もくじ

1 第 5 学年における授業づくりのポイント

2 第 5 学年の授業展開

1

第5学年における
授業づくりのポイント

平成29年告示の小学校学習指導要領は、令和2年度から全面実施されます。この学習指導要領のポイントは、これまで育成を目指してきた「生きる力」をより具体化し、各教科等の目標及び内容を「知識及び技能」、「思考力、判断力、表現力等」、「学びに向かう力、人間性等」の三つの柱で再整理されたことです。まずは「小学校理科では、どのような資質・能力の育成を目指すの？」ということについての理解が重要です。

1 理科の目標

A
　　自然に親しみ、理科の見方・考え方を働かせ、見通しをもって観察、実験を行うことなどを通して、自然の事物・現象についての問題を科学的に解決するために必要な資質・能力を次のとおり育成することを目指す。

B
　(1) 自然の事物・現象についての理解を図り、観察、実験などに関する基本的な技能を身に付けるようにする。
　(2) 観察、実験などを行い、問題解決の力を養う。
　(3) 自然を愛する心情や主体的に問題解決しようとする態度を養う。

2 どのような学習過程を通して資質・能力を育成するの？

　目標のAの部分には、主にどのような学習の過程を通して資質・能力を育成するのかが示されています。この部分を柱書部分と呼びます。

(1)「自然に親しみ」とは

　単に自然に触れたり、慣れ親しんだりするということだけではありません。子供が関心や意欲をもって対象と関わることにより、自ら問題を見いだし、それを追究していく活動を行うとともに、見いだした問題を追究し、解決していく中で、新たな問題を見いだし、繰り返し自然の事物・現象に関わっていくことも含まれています。

(2)「理科の見方・考え方を働かせ」とは

　理科においては、従来、「科学的な見方や考え方」を育成することを重要な目標として位置付け、資質・能力を包括するものとして示してきました。しかし、今回の改訂では、資質・能力をより具体的なものとして示し、「見方・考え方」は資質・能力を育成する過程で子供が働かせる「物事を捉える視点や考え方」として全教科等を通して整理されました。

　問題解決の過程において、自然の事物・現象をどのような視点で捉えるかという「見方」については、理科を構成する領域ごとの特徴から整理が行われました。自然の事物・現象を、「エネルギー」を柱とする領域では、主として量的・関係的な視点で捉えることが、「粒子」を柱とする領域では、主として質的・実体的な視点で捉えることが、「生命」を柱とする領域では、主として共通性・多様性の視点で捉えることが、「地球」を柱とする領域では、主として時間的・空間的な視点で捉えるこ

とが、それぞれの領域における特徴的な視点として整理することができます。

　ただし、これらの特徴的な視点はそれぞれ領域固有のものではなく、その強弱はあるものの、他の領域においても用いられる視点であることや、これら以外にも、理科だけでなく様々な場面で用いられる原因と結果をはじめとして、部分と全体、定性と定量などといった視点もあることに留意する必要があります。

　また、問題解決の過程において、どのような考え方で思考していくかという「考え方」については、これまで理科で育成を目指してきた問題解決の能力を基に整理が行われました。子供が問題解決の過程の中で用いる、比較、関係付け、条件制御、多面的に考えることなどといった考え方を「考え方」として整理したのです。

　「比較する」とは、複数の自然の事物・現象を対応させ、比べることです。比較には、同時に複数の自然の事物・現象を比べたり、ある自然の事物・現象の変化を時間的な前後の関係で比べたりすることなどがあります。「関係付ける」とは、自然の事物・現象を様々な視点から結び付けることです。「関係付け」には、変化とそれに関わる要因を結び付けたり、既習の内容や生活経験と結び付けたりすることなどがあります。「条件を制御する」とは、自然の事物・現象に影響を与えると考えられる要因について、どの要因が影響を与えるかを調べる際に、変化させる要因と変化させない要因を区別するということです。そして「多面的に考える」とは、自然の事物・現象を複数の側面から考えることです。

　このように、新たに定義された「見方・考え方」への理解が求められます。「見方・考え方」は育成を目指す資質・能力そのものではなく、資質・能力を育成する過程で子供が働かせるものであるという理解がとても大切なのです。

⑶「見通しをもって観察、実験を行うことなどを通して」とは

　「見通しをもつ」とは、子供が自然に親しむことによって見いだした問題に対して、予想や仮説をもち、それらを基にして観察、実験などの解決の方法を発想することです。また、「観察、実験を行うことなど」の「など」には、自然の事物・現象から問題を見いだす活動、観察、実験の結果を基に考察する活動、結論を導きだす活動が含まれます。つまり、子供が自然の事物・現象に親しむ中で、そこから問題を見いだし、予想や仮説を基に観察、実験などを行い、結果を整理し、その結果を基に結論を導きだすといった、一連の問題解決の活動を通して、自然の事物・現象についての問題を科学的に解決するために必要な資質・能力を育成することを目指しているのです。

3　どのような資質・能力を育成するの？

　目標の B の部分には、育成を目指す資質・能力が示されています。⑴には「知識及び技能」が、⑵には「思考力、判断力、表現力等」が、⑶には「学びに向かう力、人間性等」が示されています。

⑴ 知識及び技能

> ⑴ 自然の事物・現象についての理解を図り、観察、実験などに関する基本的な技能を身に付けるようにする。

　子供は、自ら自然の事物・現象に働きかけ、問題を解決していくことにより、自然の事物・現象の性質や規則性などを把握します。このような理解は、その段階での児童の発達や経験に依存したものですが、自然の事物・現象についての科学的な理解の一つと考えることができます。技能については、器具や機器などを目的に応じて工夫して扱うとともに、観察、実験の過程やそこから得られた結

果を適切に記録することが求められます。

⑵ 思考力、判断力、表現力等

> （2）観察、実験などを行い、問題解決の力を養う。

　小学校理科では、学年を通して育成を目指す問題解決の力が示されています。第3学年では、主に差異点や共通点を基に、問題を見いだすといった問題解決の力を、第4学年では、主に既習の内容や生活経験を基に、根拠のある予想や仮説を発想するといった問題解決の力を、第5学年では、主に予想や仮説を基に、解決の方法を発想するといった問題解決の力を、そして、第6学年では、主により妥当な考えをつくりだすといった問題解決の力の育成を目指しています。

　これらの問題解決の力は、その学年で中心的に育成するものですが、実際の指導に当たっては、他の学年で掲げている問題解決の力の育成についても十分に配慮することや、内容区分や単元の特性によって扱い方が異なること、中学校における学習につなげていくことにも留意する必要があります。

⑶ 学びに向かう力、人間性等

> （3）自然を愛する心情や主体的に問題解決しようとする態度を養う。

　植物の栽培や昆虫の飼育という活動や植物の結実の過程や動物の発生や成長について観察したり、調べたりするといった活動など通して、自然を愛する心情を育てることが大切です。さらに、自然環境と人間との共生の手立てを考えながら自然を見直すことや実験などを通して自然の秩序や規則性などに気付くことも、自然を愛する心情を育てることにつながります。

　主体的に問題解決しようとする態度については、意欲的に自然の事物・現象に関わろうとする態度、粘り強く問題解決しようとする態度、他者と関わりながら問題解決しようとする態度、学んだことを自然の事物・現象や日常生活に当てはめてみようとする態度などの育成を目指していくことが大切です。

4　主体的・対話的で深い学びの実現に向けた授業改善

　今回の学習指導要領では、単元など内容や時間のまとまりを見通して、その中で育む資質・能力の育成に向けて、子供の主体的・対話的で深い学びの実現を図るようにすることが求められています。

　「主体的・対話的で深い学び」は、必ずしも1単位時間の授業の中で全てが実現されるものではありません。子供や学校の実態、指導の内容に応じ、単元など内容や時間のまとまりの中で、「主体的な学び」、「対話的な学び」、「深い学び」の視点から授業改善を図ることが重要とされています。

　「主体的な学び」については、例えば、自然の事物・現象から問題を見いだし、見通しをもって観察、実験などを行っているか、観察、実験の結果を基に考察を行い、より妥当な考えをつくりだしているか、自らの学習活動を振り返って意味付けたり、得られた知識や技能を基に、次の問題を発見したり、新たな視点で自然の事物・現象を捉えようとしたりしているかなどの視点から、授業改善を図ることが考えられます。

　「対話的な学び」については、例えば、問題の設定や検証計画の立案、観察、実験の結果の処理、考察の場面などでは、あらかじめ個人で考え、その後、意見交換したり、根拠を基にして議論したりして、自分の考えをより妥当なものにする学習となっているかなどの視点から、授業改善を図ることが考えられます。

　「深い学び」については、例えば、「理科の見方・考え方」を働かせながら問題解決の過程を通して

学ぶことにより、理科で育成を目指す資質・能力を獲得するようになっているか、様々な知識がつながって、より科学的な概念を形成することに向かっているか、さらに、新たに獲得した資質・能力に基づいた「理科の見方・考え方」を、次の学習や日常生活などにおける問題発見・解決の場面で働かせているかなどの視点から、授業改善を図ることが考えられます。

5 学習評価について

⑴ 学習評価の基本的な考え方

　学習評価は、学校における教育活動に関し、子供の学習状況を評価するものです。「子供にどのような力が身に付いたか」という学習の成果を的確に捉え、教師が指導の改善を図るとともに、子供自身が自らの学習を振り返って次の学習に向かうことができるようにするためにも、学習評価の在り方は重要です。

⑵ 学習評価の基本構造

　平成29年改訂では、学習指導要領の目標及び内容が資質・能力の三つの柱で再整理されました。これを踏まえ、理科における観点別学習状況の評価の観点についても、「知識・技能」、「思考・判断・表現」、「主体的に学習に取り組む態度」の３観点に整理されました。

　育成を目指す資質・能力の一つである、「学びに向かう力、人間性等」については、「主体的に学習に取り組む態度」として観点別評価を通じて見取ることができる部分と、観点別評価や評定にはなじまず、

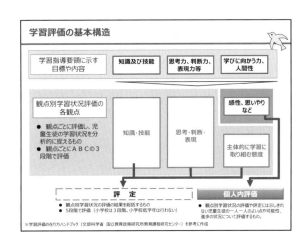

個人内評価を通じて見取る部分があります。理科では、「自然を愛する心情」などが個人内評価となることに留意が必要です。

⑶ 観点別評価を行う際の留意点

① 評価の頻度について

　学習評価は、日々の授業の中で子供の学習状況を適宜把握して、教師の指導の改善や子供の学習改善に生かすことが重要です。授業を行う際に、重点的に子供の学習状況を見取る観点を明確にし、指導と評価の計画に示すことが大切です。しかし、毎回の授業で、子供全員の観点別学習状況の評価の記録をとり、総括の資料とするために蓄積していくことは現実的ではありません。単元などの内容や時間のまとまりごとに、それぞれの学習状況を把握できる段階で行うなど、その場面を精選しましょう。そのためには、評価の計画が大切になります。評価のための評価ではなく、子供たちの資質・能力を育成するための評価にすることが大切です。

② 「知識・技能」の評価について

　「知識」については、自然の事物・現象についての知識を理解しているかどうかを評価しましょう。その際、学習したことを既習の内容や生活経験と結び付けて理解することで、他の学習や生活の場面でも活用できる概念的な理解につながります。

　「技能」については、器具や機器などを目的に応じて工夫して扱うとともに、観察、実験の過程や

そこから得られた結果を適切に記録しているかどうかを評価しましょう。

③　「思考・判断・表現」の評価について

　「思考・判断・表現」については、各学年で主に育成を目指す問題解決の力が身に付いているかどうかを評価しましょう。その際、留意しなければならないのは、各学年で主に育成を目指す問題解決の力は、その学年で中心的に育成するものとして示してありますが、実際の指導に当たっては、他の学年で掲げている問題解決の力の育成についても十分に配慮する必要があるということです。

　長期的な視野をもち、子供一人一人に、問題解決の力が育成されるよう指導と評価の一体を充実させましょう。

④　「主体的に学習に取り組む態度」の評価について

　これまでは「関心・意欲・態度」という観点だったのですが、新学習指導要領では「主体的に学習に取り組む態度」に変わりました。この観点では、「粘り強い取組を行おうとする側面」と「自らの学習を調整しようとする側面」という二つの側面を評価することが求められています。学習内容に関心をもつことのみならず、解決したい問題に対して、自分なりの考えをもち、粘り強く問題解決しようとすること、他者と関わり、自分の考えを振り返り、自分の考えを見直しながら問題解決しようとするなどといった態度を評価しましょう。

　また、「理科を学ぶことの意義や有用性を認識しようとする側面」から、学んだことを学習や生活に生かそうとする態度を評価しましょう。

6　各学年における観点の趣旨

　平成31年3月29日に、文部科学省初等中等教育局長より「小学校、中学校、高等学校及び特別支援学校等における児童生徒の学習評価及び指導要録の改善等について（通知）」が出されています。そこには、別紙4として、「各教科等・各学年等の評価の観点等及びその趣旨」が掲載されています。
http://www.mext.go.jp/component/b_menu/nc/__icsFiles/afieldfile/2019/04/09/1415196_4_1_2.pdf

　評価規準を作成する場合、ここに示された観点の趣旨が大変重要になります。小学校理科は、学年ごとに示されていますが、要素だけを切り取ったものを以下に示しますので、参考にしてください。

【知識・技能】

第3学年	●●について理解しているとともに、器具や機器などを正しく扱いながら調べ、それらの過程や得られた結果を分かりやすく記録している。
第4学年	●●について理解しているとともに、器具や機器などを正しく扱いながら調べ、それらの過程や得られた結果を分かりやすく記録している。
第5学年	●●について理解しているとともに、観察、実験などの目的に応じて、器具や機器などを選択して、正しく扱いながら調べ、それらの過程や得られた結果を適切に記録している。
第6学年	●●について理解しているとともに、観察、実験などの目的に応じて、器具や機器などを選択して、正しく扱いながら調べ、それらの過程や得られた結果を適切に記録している。

【思考・判断・表現】

第3学年	●●について、観察、実験などを行い、主に差異点や共通点を基に、問題を見いだし、表現するなどして問題解決している。
第4学年	●●について、観察、実験などを行い、主に既習の内容や生活経験を基に、根拠のある予想や仮説を発想し、表現するなどして問題解決している。
第5学年	●●について、観察、実験などを行い、主に予想や仮説を基に、解決の方法を発想し、表現するなどして問題解決している。
第6学年	●●について、観察、実験などを行い、主にそれらの●●について、より妥当な考えをつくりだし、表現するなどして問題解決している。

【主体的に学習に取り組む態度】

第3学年	●●についての事物・現象に進んで関わり、他者と関わりながら問題解決しようとしているとともに、学んだことを学習や生活に生かそうとしている。
第4学年	●●についての事物・現象に進んで関わり、他者と関わりながら問題解決しようとしているとともに、学んだことを学習や生活に生かそうとしている。
第5学年	●●についての事物・現象に進んで関わり、粘り強く、他者と関わりながら問題解決しようとしているとともに、学んだことを学習や生活に生かそうとしている。
第6学年	●●についての事物・現象に進んで関わり、粘り強く、他者と関わりながら問題解決しようとしているとともに、学んだことを学習や生活に生かそうとしている。

7 各学年における授業づくりのポイントについて

　次頁からは、各学年の発達の段階や育成を目指す資質・能力などを踏まえ、授業づくりのポイントや板書のポイントを示します。

　また、新学習指導要領のキーワードの1つである「見方・考え方」についても具体的に示していますので、参考にしてください。

　なお、先生方が本書を柔軟に活用できるよう、各単元の総時数については、あえて標準時数よりも少なめに設定し、その中の全授業を板書で示しています。また、単元の並び方は、平成29年告示の学習指導要領に記載されている順番で示しています。実際に授業を行う順番は、各学校のカリキュラム・マネジメントに基づき、工夫しながら組み立てていくことを想定しています。

1 第 5 学年の理科の特徴

　第 4 学年までは、温度や時間といった 1 つの要因を比較対照しながら確認することが可能でしたが、第 5 学年では要因が複数ある事象を扱うので、より意図的に条件を制御した実験をしなければならなくなります。第 5 学年で主に育む「思考力・判断力・表現力」は「解決の方法を発想する力」であり、子供自身が条件制御された方法を構想して検証しなければなりません。子供が、変える条件と変えない条件を明らかにして、どの要因が関係しているのかを確かめる方法を考えるようにします。

　学習で扱う事象のスケールは広がり、学校やその周辺だけだったものが、河川の流域全体や気象衛星の映す日本周辺までに広がります。第 3・4 学年では多かった継続観察は少なくなり、それに替わって PC などを活用して情報を収集したり、学校図書館などの資料を活用したりすることが多くなります。ミョウバンなどの薬品や顕微鏡などの実験器具を扱うことが多くなり、理科室での学習も多くなります。電磁石や水溶液など身の回りで活用されているものに目を向けることが増えたり、天気の予想や台風、洪水など自然災害に目を向けたりすることで、学習と生活の関連を図るようにすることが大切です。

2 第 5 学年で育成を目指す資質・能力

(1) 知識及び技能

　知識については、問題解決の結果として得た結論から規則性等を理解するとともに、他の事象に適用できることが必要です。振り子の周期や天気の変化など、実験や観察から規則性を見いだして、知識とします。

　技能については、メスシリンダーや顕微鏡等の新たに扱う器具、ろ過や攪拌などの操作について一人一人が実際に操作を行い、正しく扱うことができるようにする必要があります。また、大きさなど見るものの特徴によって、虫眼鏡と双眼実体顕微鏡、顕微鏡を適切に選択する場面を設けてから、観察するようにします。さらに、メダカの成長や雲の様子などを絵と言葉で記録したり、数値化した実験結果を表やグラフを活用して分かりやすく記録したりすることができるように指導しましょう。

(2) 思考力、判断力、表現力等

　第 5 学年で主に育む「思考力・判断力・表現力」は、「解決の方法を発想する」力です。振り子における長さ・重さ・振れ幅や発芽における水・空気・温度など要因が複数になるので、これまでも大切にしてきた「条件制御」の考え方を働かせて実験を構想する必要があるでしょう。A 区分（エネルギー・粒子）では、振り子の周期や電磁石の強さ、物の溶ける量等の定量化（数値化）できる場合が多いので、結果の見通しや結果の分析で積極的に数値を想定したり、分析したりします。B 区分（生命・地球）でも、発芽や成長、結実、水の量による流水の働き等で、条件制御した実験を構想するようにします。

⑶ 学びに向かう力、人間性等

　自然の事物・現象に進んで関わっているかとともに、粘り強く問題解決をしているか、予想や考察等の話し合いに進んで他者と関わる取り組みをして、自ら調整しながら問題解決しようとしているかを重視します。振り子においては、長さの要因以外もしっかりと検証して総合的に結論を導きだすことや、複数回の実験を繰り返し行って結果の信憑性を高めること、天気の予想を数日間繰り返して規則性を見いだしながらそれを適用してさらに精度を高めるようにすることが大切です。結果の見通しを話し合う際に、自分の予想・仮説やその根拠を見直したり、振り子の周期や電磁石の強さなど、結果のばらつきから自分の方法や予想を見直したり、考察をしたりすることが考えられるでしょう。

　また、見いだした規則性などが身近な生活で活用されているかを見直すことで、学んだことと生活を結び付けることが必要です。電磁ロックやモーターなどに電磁石が活用されていることや、温めながら溶かして調理をしていることなど、身近な事象に常に目を向けるようにしているかという点を見取るようにします。さらに、植物・動物・人の生命の連続性を考えて生命を大切にしようとしたり、台風や洪水等の自然災害に備えようとしたりするなど、学んだことを学習や生活に生かそうとすることが大切です。

3　問題解決の活動において、主に働かせたい「見方・考え方」

　第5学年では、「解決の方法を発想する」力を主に育むとき、要因が複数あることが多いので、条件制御の考え方を働かせることがより重要になってくるでしょう。年間を通して、この力を育成することを考えると、前半の単元では条件制御が十分であるかを常に振り返り、結果のばらつきをよく吟味して条件制御がしっかりされているかなどを見直して、検証方法の改善を子供が導けるような指導が有効です。振り子の学習を年度当初に行うなら、丁寧に装置や実験状況、結果を確認して再実験を行うなど、条件制御の考え方を意識化できるようにすることが重要ですが、年度末に行うのであれば3つの要因全てを、条件制御の考え方を働かせて、自分の力だけで方法を考え、実験して検証することができるかどうか確認する機会とするなど、学習時期によって授業展開や指導の重点を変えるようにする必要があるでしょう。

　A区分では結果が定量的に（あるいは数値化して）扱えるので、表やグラフを活用することで、量的・関係的な視点を働かせて分析しやすいように工夫します。B区分では、まずインゲン豆の発芽や成長に必要なことは他の植物にも当てはまるか確認することや複数の植物の花粉を観察して特徴を調べること、メダカ・人・植物の生命のサイクルとしての共通点と差異点を考えることなど、共通性・多様性の視点を意識できるような場を工夫します。また、天気や流水では、数日間や日本全体など時間的・空間的な視点を広げながら捉える場面があるので、地図や雲画像の動画再生などを準備することや、短時間で起きる自然災害と長時間かかる地形の形成や気候変動を考えることなどで、時間的・空間的な視点を働かせやすいように工夫するとよいでしょう。

第5学年における板書のポイント

　ここでは、第5学年における板書のポイントを示します。第5学年では、問題解決の力として、主に「解決の方法を発想する力」の育成を目指しています。毎時間、その力を育成するわけではありませんが、子供が条件を意識して方法を構想する場面がある板書が多くなるはずです。その前提として、子供が見いだした問題を基に、根拠のある予想が類型化、整理されており、問題や予想と対応した考察が記されているようにします。

【予想】予想の根拠について話し合い、自分の考えを見直す

　子供の「予想」を類型化して整理し、その根拠を話し合う場面を設定します。そこで、自分の考えを見直すなどの調整をしながら学ぶようにします。

【方法】変える条件と変えない条件を明らかにして、条件制御した実験を行う

　解決の方法を構想するところでは、変える条件と変えない条件を明らかにして条件を制御した実験ができるようにします。予想による結果の見通しまでもっておき、考察がしやすいようにしておきましょう。

【結果の見通し】予想と一致した場合、一致しない場合の結果を見通す

　予想と一致した場合と一致しない場合、複数の予想のそれぞれと一致する場合など、予想と方法を踏まえながら、「結果の見通し」をします。

| 問題 | 同じふりこの場合、「ふれはば」 |

1 予想
- ・ふれはばが大きくても、小さく
- ・ふれはばが小さい方が、時間が（ふれはばが小さいと、ゆっく
- ・ふれはばが大きい方が、時間が（1往復のきょりが、長くなる

2 方法

| 調べる条件（変える条件） |
| ふれはば（30°→15°） |

2回ふってから計る

① 30°からふり始め、10往復した
② 15°でもふり、10往復した時間
③ ②・③から1往復の時間を計算す

| 1往復の時間＝10往復の時間（秒） |

結果の見通し
　ふれはばがいつも同じになるなら、

【問題】子供が見いだした問題を、教師が適宜判断する

が変わっても、ふりこが1往復する時間は、いつも同じだろうか。

ても時間は同じ。
かかる。
り動くから。)
かかる。
から。)

| 調べる条件
| 以外は同じ |

そろえる条件

ふりこの長さ（各グループで決める）
おもりの重さ（10g1個）

時間を3回計る。
を3回計る。
る。

÷10（回）

30°も15°も同じ結果になる。

3 結果 ふれはばと1往復する時間（秒）の関係

班	1班	2班	3班	4班	5班
ふりこの長さ	cm	cm	cm	cm	cm
ふれはば 30°		結果を書き込む			
ふれはば 15°					

4 考察
・ふれはばが変わっても、1往復する時間は、ほぼ同じといえる。（誤差が生じる。）
・ふりこの長さが長いグループほど、1往復の時間が長そうだ。

結ろん 同じふりこの場合、ふれはばが変わっても、ふりこが1往復する時間は、いつも同じであるといえる。

【結果】【考察】結果を効率よく共有し、問題や予想と相対した結論を導きだす

「結果」の共有は、表やグラフに適宜書き込み、効率よく行うようにします。

また、「考察」では、結果から得た事実と解釈を加えて、問題や予想と相対する「結論」となるようにします。

2

第 5 学年の授業展開

1 物の溶け方　A (1)　12時間扱い

単元の目標

物が水に溶ける量や様子に着目して、水の温度や量などの条件を制御しながら、物の溶け方の規則性を調べる活動を通して、それらについての理解を図り、観察、実験などに関する技能を身に付けるとともに、主に予想や仮説を基に、解決の方法を発想する力や主体的に問題解決しようとする態度を育成する。

評価規準

知識・技能	思考・判断・表現	主体的に学習に取り組む態度
①物が水に溶けても、水と物とを合わせた重さは変わらないことを理解している。 ②物が水に溶ける量には、限度があることを理解している。 ③物が水に溶ける量は水の温度や量、溶ける物によって違うこと。また、この性質を利用して、溶けている物を取り出すことができることを理解している。 ④物の溶け方について、観察、実験などの目的に応じて、器具や機器などを選択し、正しく扱いながら調べ、それらの過程や得られた結果を適切に記録している。	①物の溶け方について、予想や仮説を基に、解決の方法を発想し、表現するなどして問題解決している。 ②物の溶け方について、観察、実験などを行い、得られた結果を基に考察し、表現するなどして問題解決している。	①物の溶け方についての事物・現象に進んで関わり、粘り強く、他者と関わりながら問題解決しようとしている。 ②物の溶け方について学んだことを学習や生活に生かそうとしている。

単元の概要

第1次では、物を溶かす実験を通して、物は溶けても重さは変わらないことや、物が水に溶ける量には限度があることを捉える。

第2次では、溶け残った物を溶かすために、水の量や温度を変えて実験を行い、溶ける量が変化することを捉える。その際に、水の量や温度の条件を制御しながら、水に溶ける量を調べる方法を発想することを大切にする。

第3次では、これまでの学習を基に、水に溶けた物を取り出す実験を計画し、冷やしたり蒸発させたりすると溶けている物を取り出せることを捉える。

⑴本単元で働かせる「見方・考え方」

　本単元は、「粒子」を柱とした内容のうちの「粒子の保存性」に関わる領域である。「質的」な見方を働かせて「物の水に溶ける量や様子は、溶かす物によって異なること」ということを捉えたり、「実体的」な見方を働かせて「物は、水に溶けて見えなくなっても、溶かした分だけ存在しており、重さも変わらないこと」ということを捉えたりできるように工夫する。また、方法を構想する際に第5学年で重視される「条件制御」の考え方を働かせるようにする。水に溶ける量を調べる際には、水の量は変えずに溶かす量を変える。水に溶ける温度を調べる際には、水の量は変えずに温度だけを変えるといった、変化させる要因と変化させない要因を区別して実験に臨むことで、目的が明確になる。

⑵本単元における「主体的・対話的で深い学び」

　第5学年では、問題解決の力として、主に予想や仮説を基に、解決の方法を発想する力の育成を重視している。まずは水に食塩を落とすことで、「溶ける」ことについて問題意識をもたせたい。そこで子供が見いだした問題を解決するために、水の温度と量に目を向け、検証方法を主体的に考えさせたい。どの方法が適切かは、対話的な学びによって検討していく。また、実験の前に結果の見通しをもたせることで、実験の目的が明らかになり、考察時には予想とともに振り返ることで、考えが深まっていく。

指導計画（全12時間）　詳細の指導計画は 💿 01-01参照

次	時	主な学習活動	評価
1	1	**観察1** 食塩の粒を水に落とし、水に溶ける様子を観察し、問題を見いだす。	(思①)
	2	○とけて見えなくなった食塩がどうなったのかについて調べるため、実験計画を立てる。	(思①)
	3	**実験1** 水に溶かす前と水に溶かした後の食塩の重さを比べる。 **実験2** 食塩が溶けた水を蒸発させ、食塩が出てくるか調べる。	知①・(思②)
	4	**観察2** 食塩以外のものでも、溶けるかを確かめる。	態②
	5	**実験3** 食塩やミョウバンが溶ける量を調べる。	知②
2	6	○溶け残った物を溶かすには、どのようにすればよいのかを予想し、実験の計画を立てる。	思①
	7	**実験4** 水の量を変えて、食塩とミョウバンが水に溶ける量を調べる。	知③（知④）
	8	**実験5** 水の温度を変えて、食塩とミョウバンが水に溶ける量を調べる。	思②
	9	○実験結果から考え、溶け残った物を溶かすことについて考察し、まとめる。	知③・(態①)
3	10	○水に溶けた物はどのようにして取り出せるのかを予想し、実験計画を立てる。	思①
	11	**実験6** 水溶液を冷やして、溶けている物を取り出せるかを調べる。	知④
	12	**実験7** 水溶液を蒸発させて、溶けている物を取り出せるかを調べる。 ○実験結果から考え、水に溶けている物はどのようにしたら取り出せるのかついて考察し、まとめる。	知③・態①

第①時

食塩の結晶や食塩が溶ける様子を観察する

（本時のねらい）
・食塩が水に溶けていく様子を観察することを通して物が水に溶けることに関心をもち、物が溶けることについて、問題を見いだすことができる。

（本時の評価）
・物の溶ける様子から、物の溶け方の規則性についての問題を見いだし、表現している。（思①）

（準備するもの）
・食塩
・1.5L の炭酸用ペットボトル、もしくは透明の塩化ビニルの筒（1 m 位のもの）とゴム栓
・ティーバッグ　　・ビーカー
・目玉クリップ　　・虫眼鏡
・水　　　　　　　・スタンド

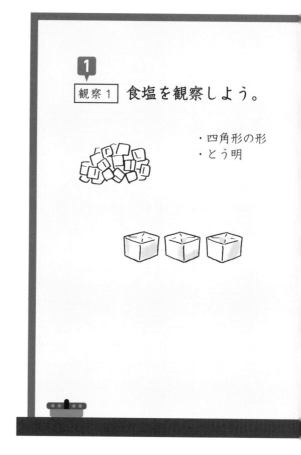

（授業の流れ）▷▷▷

1　食塩の粒を虫めがねで観察し、スケッチする　〈10分〉

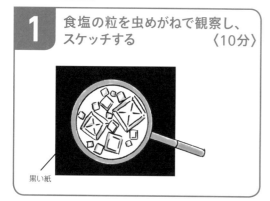

黒い紙

・食塩の下に黒い紙を敷き、観察しやすいようにする。
・虫眼鏡を一人一つずつ用意し、結晶の形をじっくりと観察できるようにする。
・観察とともにスケッチで結晶の形を記録することで、食塩は特有な形があることに気付くようにする。

2　食塩の粒を水に落とし、その様子を観察する　〈10分〉

流れ星みたい

・食塩の粒を最初は数粒ずつ入れ、じっくりと様子を観察する。
「一粒一粒じっくり観察してみましょう」
・食塩の粒が水の中で落ちながら溶けていく様子を観察できるように、長い透明な筒を用意する。筒は、スタンド等で固定し、底をゴム栓で留める。

観察2 食塩を水に入れてみよう。

2 観察2−1

・食塩が見えなくなった。
・食塩を水にたくさんとかしたら、水の量が少し増えた。
・底のほうにとけていない食塩のつぶが見えた。

3 観察2−2

・もやもやしたものが見えた。
・もやもやはとうめいになって、広がっていった。

4
〈疑問・調べてみたいこと〉
・食塩は見えなくなったけれど、なくなってしまったのか調べたい。
・底に残った食塩はとけるのか。
・食塩ではない他のものもとけるのか。

---

3 食塩を入れたティーバッグを水につけ、様子を観察する 〈10分〉

もやもやがたくさん見える！

ティーバッグの中はどうなったかな？

・食塩をティーバッグの中に入れると、シュリーレン現象を見ることができる。溶けたものが水中に広がっていく様子を捉えることができる。
・ティーバッグに入っていた食塩が溶けてなくなったことが分かるよう、溶けた後のティーバッグの中を確認させてもよい。

4 これから調べてみたいことや疑問を話し合い、問題を見いだす 〈15分〉

・観察を通して、疑問に思ったことや調べてみたいことを個人で記録する。
「観察をして、気付いたことや調べてみたいこと、疑問などを発表しましょう」
・個人で見いだした問題を発表し、全体で共有する。
・子供の気付きや疑問から、今後の問題を見いだし、単元の流れを作っていく。

第②時

水に溶けて見えなくなった食塩の行方を予想する

(本時のねらい)
・水に溶けて見えなくなった食塩について、これまでの経験や既習事項などから、行方を予想し、調べる方法を発想し、表現することができる。

(本時の評価)
・水に溶けて見えなくなった食塩の様子について、予想を基に解決の方法を発想し、表現している。（思①）

(準備するもの)
・前時（第1時）で使用した食塩を水に溶かしたもの
・スライドガラス　　・ガラス棒
・電子てんびん　　　・ふた付きの容器
・食塩を入れる容器　・食塩

1 問題 | 水にとけて見えなくなった食塩はどうなったのだろうか。

2 予想
・見えないけれど、とかしたのだから水の中にある。
・見えなくなったから、食塩はとけてなくなった。
・食塩の形が変わって見えなくなっても水の中にある。

○水にとかす前と水にとかした後の重さを比べれば調べられる
○水をなくせば調べられる

(授業の流れ) ▷▷▷

1 前時で見いだした問題を確認し、予想を立てる　〈5分〉

・前時で観察に使用したビーカー（食塩をティーバッグに入れて溶かしたもの）を提示し、水に溶けて見えなくなった食塩について、これまでの経験や既習の内容から、その行方を予想する。

水に溶けて見えなくなった食塩はどうなっただろうか。

2 予想を話し合う　〈15分〉

見えなくなったから、食塩はなくなったのかな？

食塩は形を変えて、まだ水の中にいると思う

・子供は3年で「物は形が変わっても重さは変わらない」ことや、4年で「水は温度によって姿を変える」ことを学んでいる。この既習の内容を想起し、根拠をもった予想を立てられるようにする。

3

実験1 水にとかす前と水にとかした後の
　　　食塩の重さを比べる。

実験2 食塩がとけた水を蒸発させて、
　　　食塩が出てくるか調べる。

方法

方法
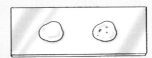

4

結果の見通し もし、水の中にあれば、水に
　　　　　　とかす前と水にとかした後で
　　　　　　は、重さは同じはず！

　　　　　　もし、とけてなくなったなら、
　　　　　　重さは水の重さだけになるはず！

結果の見通し もし、食塩がとかした水の中
　　　　　　にあるなら、食塩が出てくる
　　　　　　はず！

　　　　　　もし、とけてなくなったなら、
　　　　　　食塩は出てこないはず！

3　予想を確かめるための 実験方法を発想する　〈15分〉

食塩は見えなくなった
だけで、水の中にある
から、重さを量って
みたい

水をなくしたら、
食塩が出てくると
思う

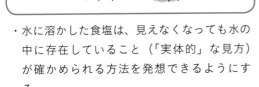

・水に溶かした食塩は、見えなくなっても水の
　中に存在していること（「実体的」な見方）
　が確かめられる方法を発想できるようにす
　る。
・食塩と水の重さだけでなく、水を入れる容器
　や食塩の容器にも着目する。

4　予想をふまえて、実験結果の 見通しをもつ　〈10分〉

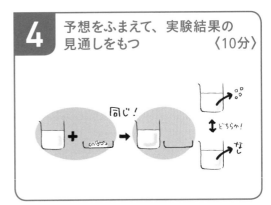

・第4学年で「水は自然蒸発する」ことを学
　んでいることから、水を蒸発させると食塩は
　変わらずそのまま残る（質的に変わらない）
　ことに気付くようにする。
・それぞれの予想を基に、実験結果の見通しを
　もつ。
「予想が正しければ、どんな結果になるはずで
すか」

第③時

水に溶けて見えなくなった食塩の行方を調べる

本時のねらい
・水に溶けて見えなくなった食塩についての実験を通して、水に溶けて見えなくなっても、水の中にあることを捉えることができる。

本時の評価
・物が水に溶けても、水と物とを合わせた重さは変わらないことを理解している。知①
・水に溶けて見えなくなった食塩について、実験結果から考え、表現している。（思②）

準備するもの
・スライドガラス　　・ガラス棒
・電子てんびん　　　・ふた付きの容器
・食塩を入れる容器　・食塩

1

問題	水にとけて見えなくなった食塩はどうなったのだろうか。

実験1 **2**

水にとかす前と水にとかした後の食塩の重さを比べる。

結果		とかす前	とかした後
	1班	155g	155g
	2班	152g	152g
	3班	150g	150g
	4班	152g	152g
	5班	150g	150g

4

考察　とかす前と後で重さは変わらなかったから、食塩は水の中にある。

授業の流れ ▷▷▷

1 問題および実験方法を確認する 〈5分〉

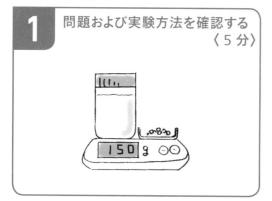

・水に溶けて見えなくなった食塩の行方について、前時の子供の考えを想起し、問題を確認する。

水に溶けて見えなくなった食塩はどうなったのだろうか。

・実験方法については、食塩を入れておいた容器も含めて全体の重さを量ることを確認する。

2 実験1を行う 〈15分〉

・食塩や水をこぼさないように留意させる。
・電子天秤を使用する際は、小数点以下の重さが表示されないものを使用する。
・実験結果は全グループの数値が分かるように表にし、全体の傾向を捉えられるようにする。

3

実験2 | 食塩がとけた水を蒸発させて、食塩が出てくるか調べる。

結果 |

考察 | 水を蒸発させると食塩が出てきたことから、食塩はなくなっていない。

結ろん | 食塩は水にとけて見えなくなっても、水の中にある。
物は水にとけても重さはかわらない。

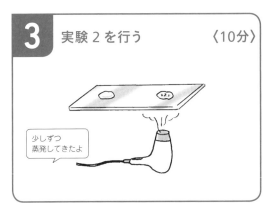

3 実験2を行う 〈10分〉

少しずつ蒸発してきたよ

・食塩水と水を一滴ずつスライドガラスにのせて自然乾燥させ、食塩の結晶を析出させる。
・スライドガラスの下からドライヤーを当て、水を蒸発させる方法も可能である。その際、温度に気を付けて実験を行う。

4 実験結果から考察する 〈15分〉

見えないけれど水の中にあるんだね

・全体の重さは全グループ変化しなかったことから、食塩は溶けて見えなくなっても溶かした分だけ食塩が存在していること、重さも変わらないことをおさえる。
「実験1・2からどんなことが分かりましたか。予想と結果の見通しを振り返ってみましょう」

第④時

食塩以外の物でも溶けるかを確かめる

本時のねらい
・物が溶けるということがどういう現象であるのか理解することができる。

本時の評価
・物の溶け方について学んだことを学習や生活に生かそうとしている。態②

準備するもの
・ミョウバン
・コーヒーシュガー
・片栗粉
・ビーカー
・計量スプーン
・ガラス棒

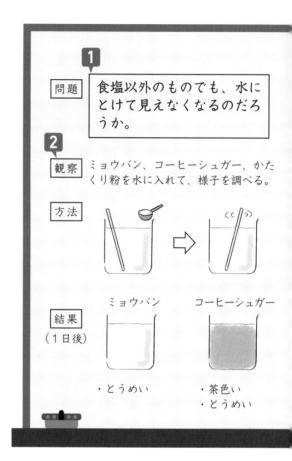

問題：食塩以外のものでも、水にとけて見えなくなるのだろうか。

観察：ミョウバン、コーヒーシュガー、かたくり粉を水に入れて、様子を調べる。

方法：

結果（1日後）：
ミョウバン　・とうめい
コーヒーシュガー　・茶色い　・とうめい

1 問題を見いだす 〈5分〉

見えなくなっても水の中にあったね

・前時で食塩を溶かした際、粒が見えなくなって、液が透き通っていたことを想起させる。
・問題を見いだす。

食塩以外のものでも水に溶けて見えなくなるのだろうか。

2 観察の方法を知り、活動を行う 〈15分〉

すりきりで同じ量を入れよう

・溶かす物の量を一定にするために、すりきり1杯分や電子天秤で量り取るようにする。
・導入時に観察したシュリーレン現象や食塩の溶け残りから、溶けている物は底にたまっていると子供が考えている場合、実験で確かめられる。飽和食塩水を作り、スポイトでビーカーの上と下から食塩水を取る。一滴ずつスライドガラスにとり、乾燥させる。

考察

・ミョウバンとコーヒーシュガーは透明だから、とけている。
・かたくり粉は底に沈んでいるからとけていない。

4

水にとけるとは…

{ ・物を水に入れたとき、つぶが見えなくなり、液がすき通って
　見えるようになること。
・とけた物が、液全体に広がっていること。

・物が水にとけた液のことを<u>水よう液</u>という。

かたくり粉

・白いかたくり粉が
底に沈んでいる

---

3 観察の結果から、分かったことを
発表し合う　　　　　　〈10分〉

かたくり粉　　　　　　コーヒーシュガー

水に溶ける物と溶けない物
があるんだね

・物は水に溶ける物と溶けずに混ざる物がある
ことをおさえる。
・同じ量の食塩の結晶が出てくるので、食塩水
は、どこも同じ濃度であることが分かる。

4 「溶ける」ことの定義を知る
　　　　　　　　　　　　〈15分〉

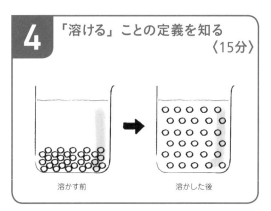

溶かす前　　　　　　溶かした後

・物の形が見えなくなるほど小さくなり、液全
体に広がり、透き通って見えることを「溶け
る」ということを知る。
・水溶液の中では、溶けている物が均一に広
がっていることにも触れておく。
・子供自身が均一性を図で表現してもよい。
・物が溶けることについて、生活経験を想起し
ながら、理解を深める。

第⑤時

食塩が水に溶ける量には限りがあるか調べる

本時のねらい

・水に溶けて見えなくなった食塩について、仮説をもち、実験から水に溶けて見えなくなっても、水の中にあることを捉えることができる。

本時の評価

・物が水に溶ける量には、限度があることを理解している。知②

準備するもの

・食塩　　　　　　　・ミョウバン
・メスシリンダー　　・スポイト
・ビーカー　　　　　・ガラス棒
・計量スプーン（電子天秤も可）
・すり切り棒（割り箸などで代用可）

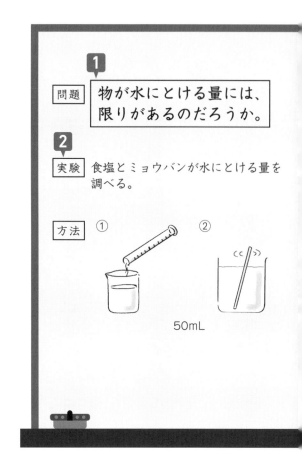

1 問題 物が水にとける量には、限りがあるのだろうか。

2 実験 食塩とミョウバンが水にとける量を調べる。

方法 ① ②

50mL

授業の流れ ▷▷▷

1 問題を見いだす　〈5分〉

溶けると見えなくなるから、いくらでも水に溶けそうかな？

・第①時で水に食塩などを溶かす活動を通して、物が水に溶ける量について考える。
・問題を見いだす。

物が水に溶ける量には、限りがあるのだろうか。

2 実験の方法を発想する　〈15分〉

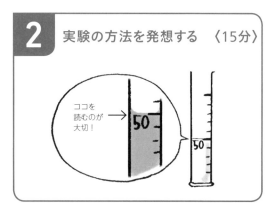

ココを読むのが大切！

・水の量は変えずに、計量スプーンで量り取り、何杯溶けるかで溶ける量を調べる。
・水の量を正しく量り取るために、メスシリンダーの使い方について指導する。
① 水平なところに置く。
② 50の目盛りの少し下まで液を入れる。
③ 真横から液面を見ながら、スポイトで液を少しずつ入れ、50の目盛りに合わせる。

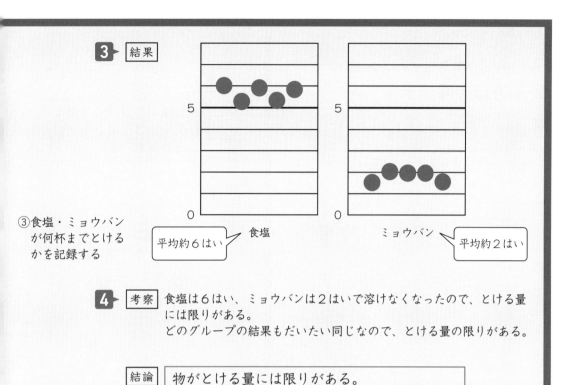

③ 結果

③食塩・ミョウバン
が何杯までとける
かを記録する

（食塩）平均約6はい

（ミョウバン）平均約2はい

④ 考察　食塩は6はい、ミョウバンは2はいで溶けなくなったので、とける量
には限りがある。
どのグループの結果もだいたい同じなので、とける量の限りがある。

結論　物がとける量には限りがある。
物によって、水にとける量にはちがいがある。

3　実験を行う　〈10分〉

食塩は7はい目で溶け残ったよ

食塩はすりきり6はい溶けると言えるね

・溶かすときは、ガラス棒にゴム栓をつけたもので溶かすようにし、ガラス器具が割れないように工夫する。
・計量スプーンですりきり1杯ずつ溶かしていき、完全に溶け残りがない状態になったら、次に進むようにさせる。

4　考察し、話し合って結論を出す　〈15分〉

グループごとの結果を確認しましょう

・実験結果を各グループごとにグラフに表し、可視化することで、視覚的に結果を確認させる。
・食塩とミョウバンが溶けた量をグラフに整理し、それぞれ比較して考察する。
・各グループの結果から、食塩にもミョウバンにも溶ける量には限りがあることを話し合い、結論を出す。

第⑥時

さらに食塩やミョウバンを溶かす方法を発想する

(本時のねらい)

・水溶液に溶け残った物を溶かす方法について、条件制御をしながら実験の方法を発想することができる。

(本時の評価)

・溶け残った食塩やミョウバンを溶かすための実験の方法や計画を発想し、実験結果の見通しをもち、表現している。思①

(準備するもの)

・前時の実験でビーカーに溶け残った食塩やミョウバン

1 問題
水溶液にとけ残った物をとかすには、どうすればよいのだろうか。

2 予想

・あたたかい飲み物にはさとうがたくさんとけるから、水の温度を上げるとよい。

・決まった量の水にはとける量が決まっていたから、水の量を増やせば、もっととけると思う。

(授業の流れ) ▷ ▷ ▷

1 問題を見いだす　　〈5分〉

どうしたらもっと溶かせるのかな

食塩は水50mLに6はいしか溶けなかったな

・前時の実験結果を想起させ、物が水に溶ける量には限りがあったことを確認する。

・前時の実験で使用した食塩水やミョウバンを溶かした水溶液を提示し、4年の学習や生活経験から温度変化に気付くように促し、問題を見いだすようにする。

2 予想する　　〈15分〉

温かい紅茶には、砂糖がたくさん溶けるよ

決まった量の水には溶ける量が決まっていたから、水の量を増やせばいいね

・前時の実験結果を提示し、温度や水の量に着目し、ミョウバンが溶け出てきたのは温度と関係があることに気付くように促し、生活経験を基に根拠のある予想を発想するように助言する。

3 方法

① 水の量を増やす

変える条件	水の量	100mL	150mL
変えない条件	水の温度(常温)		

② 水の温度を上げる

変える条件	水の温度	20℃	40℃	60℃
変えない条件	水の量（50mL）			

4 結果の見通し ①水の量を増やせば、とける量が増える
②水の温度を増やせば、とける量が増える

---

3 問題を解決する方法を発想する 〈10分〉

「どんな実験をしたら予想を確かめることができますか」

・実験で「変える条件」と「変えない条件」をしっかりおさえる。水の量を増やす実験では、水の温度は変えない。水の温度を上げる実験では、水の量（50mL）は変えないことを確認する。

4 実験結果の見通しをもつ 〈15分〉

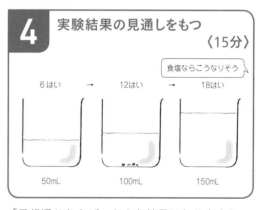

「予想通りならば、どんな結果になりますか。見通しを確認しましょう」

・自分の予想通りならば、どのような結果になるのかを話し合い、記述する。

第⑦時

水の量を変えて、食塩とミョウバンが水に溶ける量を調べる

（本時のねらい）

・水の量を変えて、食塩とミョウバンが水に溶ける量が異なることを調べる。

（本時の評価）

・物が水に溶ける量は水の量、溶ける物によって違うことを理解している。知③
・食塩とミョウバンの溶け方について、器具を正しく扱いながら調べ、それらの結果を適切に記録している。（知④）

（準備するもの）

・食塩　　　　　・ミョウバン
・ビーカー　　　・スポイト
・メスシリンダー　・計量スプーン
・ガラス棒

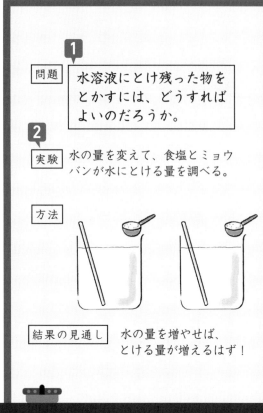

1 問題　水溶液にとけ残った物をとかすには、どうすればよいのだろうか。

2 実験　水の量を変えて、食塩とミョウバンが水にとける量を調べる。

方法

結果の見通し　水の量を増やせば、とける量が増えるはず！

（授業の流れ）▷▷▷

1　問題と実験方法の確認をする　〈5分〉

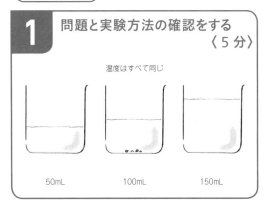

温度はすべて同じ

50mL　　100mL　　150mL

・前時の学習内容を想起し、問題をおさえる。
・実験方法と変える条件と変えない条件の確認をする。
・実験結果の見通しを確認し、主体的な実験になるようにする。

「水の量を変えて、食塩とミョウバンが水に溶ける量を調べましょう」

2　実験を行う　〈15分〉

私はミョウバンを調べるよ

ぼくは食塩を調べるね

・水の量は、100mL、150mL とし、メスシリンダーで正しく量り取っているか、確認する。
・実験結果を正しく記録する。
・150mL を調べる際は、食塩を多く溶かすため、300mL ビーカーを使うと実験しやすい。

3

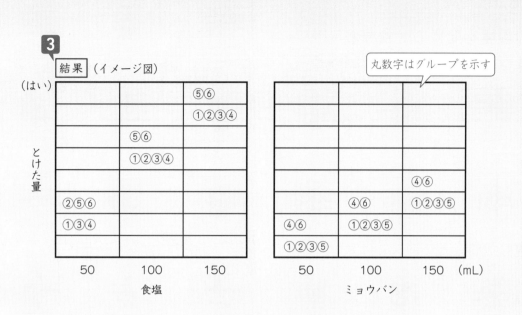

4 考察 食塩もミョウバンは、水の量を増やすととける量も増える。
ミョウバンは食塩に比べて、とける量はあまり変わらない。

---

3 実験結果を全体で共有する 〈10分〉

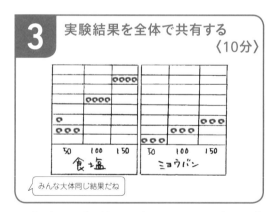

みんな大体同じ結果だね

・各グループの結果をプロットする。グループの番号を書いたり、グループで色分けしたりすると、自分のグループの結果が視覚的にわかりやすい。シールでグラフに貼ったり、書いたりするとよい。
・実験結果は棒グラフで表してもよい。

4 実験結果から考察する 〈15分〉

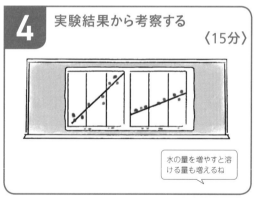

水の量を増やすと溶ける量も増えるね

・どちらも水の量によって溶ける量が増える傾向が共通していることと、食塩とミョウバンでは水の量を増やしたときの溶ける量が違うことに着目させる。
・水の温度を上げた実験結果とともに第10時で考察は深めていくので、ここでは傾向をおさえられるとよい。

第⑧時

水の温度を変えて、食塩とミョウバンの溶ける量を調べる

本時のねらい

・一定量の水の温度を変えた時に、食塩とミョウバンの溶ける量を調べることができる。

本時の評価

・温度による物の溶け方について実験を行い、得られた結果を基に考察し、表現している。思②

準備するもの

・食塩　　　　　・ミョウバン
・ビーカー　　　・スポイト
・メスシリンダー　・計量スプーン
・ガラス棒　　　・温度計
・湯
・発泡ポリスチレンの入れ物

問題　水溶液にとけ残った物をとかすには、どうすればよいのだろうか。

実験　水の温度を変えて、物が水にとける量を調べる。

方法

結果の見通し　水の温度を上げれば、とける量が増える。

授業の流れ ▷▷▷

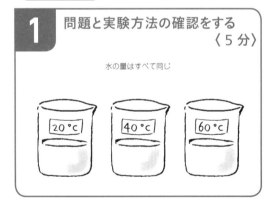

| 1 | 問題と実験方法の確認をする 〈5分〉 |

水の量はすべて同じ

・第⑥時の学習内容を想起し、問題をおさえて、実験方法と変える条件と変えない条件の確認をする。
・実験結果の見通しを確認し、主体的な実験になるようにする。
「水の温度を変えて、食塩とミョウバンが水に溶ける量を調べましょう」

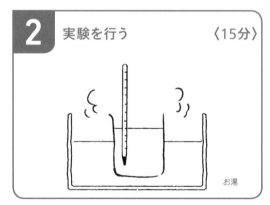

| 2 | 実験を行う 〈15分〉 |

お湯

・水の温度は20℃、40℃、60℃とし、温度をなるべく一定に保つように発泡ポリスチレンの容器を用い、温度変化に留意させる。
・湯せんで20℃、40℃まで上げることはできるが、60℃まで上げるのは時間がかかるので、60℃のお湯あるいは電熱器を用意しておく。電熱器のビーカーが熱くなりやすいので、やけどに気を付けさせる。

3

結果 （イメージ図）

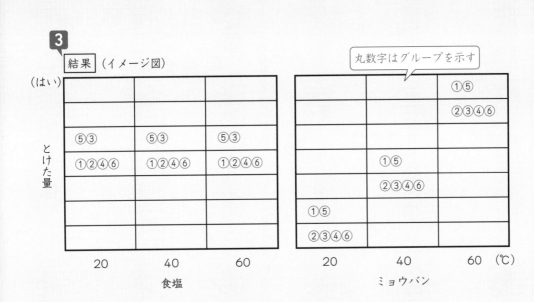

丸数字はグループを示す

（はい）

とけた量

	20	40	60 （℃）

食塩　　　　　　　　　ミョウバン

4 考察　食塩は水の温度を上げても、とける量はほんの少ししか増えない。
ミョウバンは水の温度を上げると、とける量は増える。

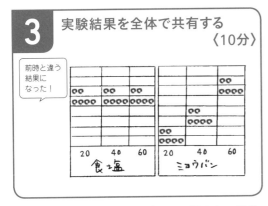

前時と違う結果になった！

○実験結果を各個人でもグラフに記入し、視覚的に捉えられるよう、ワークシートを配付する。

○実験結果を各グループごとにグラフにプロットし、視覚的に結果を確認し、全体の傾向をつかませる。

・実験で使用した水溶液は第３次の導入に使用するため、廃棄せずに回収しておく。

4 実験結果から考察する 〈15分〉

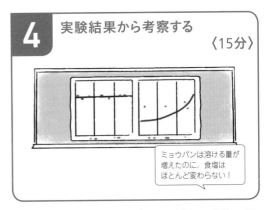

ミョウバンは溶ける量が増えたのに、食塩はほとんど変わらない！

・食塩は水の温度を上げても、溶ける食塩の量はほとんど変わらないが、ミョウバンは水の温度を上げると溶ける量が増えることに着目させる。

・前時の水の量を増やす実験結果とともに次時で考察は深めていくので、ここでは傾向をおさえられるとよい。

第 ⑨ 時

食塩とミョウバンの溶け方について考察する

(本時のねらい)

・食塩とミョウバンの溶け方の違いについて捉えることができる。

(本時の評価)

・物が水に溶ける量は水の温度や量、溶ける物によって違うことを理解している。知③
・物の溶け方の違いについて進んで関わり、粘り強く、友達と関わりながら問題解決しようとしている。(態①)

(準備するもの)

・水の量を増やした実験の結果
・水の温度を上げた実験の結果

問題	水溶液にとけ残った物をとか

①

実験	水の量や温度を変えて、物が水に

結果	水の量を変える

(はい)

とけた量

			②⑤⑥
			①③④
		②⑤⑥	
		①③④	
②⑤⑥			
①③④			

　　　50　　　100　　　150

食塩

(授業の流れ) ▷▷▷

1 問題と実験方法を確認する 〈5分〉

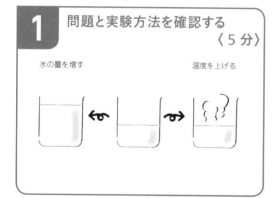

水の量を増す　　　　　温度を上げる

・第⑦・⑧・⑨時で行った実験内容と結果を振り返る。
・前時のミョウバンが析出している気付きも取り上げておく。
「水の量や温度を変えて、物が水に溶ける量を調べましたね。結果を振り返って、確認しましょう」

2 結果から個人で考察する 〈15分〉

食塩とミョウバンの溶け方の違いは何だろう？

・水の量を変えた実験と水の温度を変えた実験の結果から、それぞれの傾向を捉えられるようにする。
・プロットしたものを線でつなぎ、食塩とミョウバンの溶け方の傾向を個人で考えられるようにする。

すには、どうすればよいのだろうか。

とける量を調べる。

2・3

結果 水の温度を変える

丸数字はグループを示す

（はい）

とけた量

ミョウバン（水の量）

50	100	150 (mL)
		④⑥
	④⑥	①②③⑤
④⑥	①②③⑤	
①②③⑤		

食塩

20	40	60
⑤③	⑤③	⑤③
①②④⑥	①②④⑥	①②④⑥

ミョウバン

20	40	60 (℃)
		①⑤
		②③④⑥
	①⑤	
	②③④⑥	
①⑤		
②③④⑥		

4 **結ろん**

水の量を増やすと、物がとける量も増える。
水の温度を上げるととける量は増えるが、とかす
物によって変化がちがう。

ミョウバンが出てきている
のは、冷えたからだろうか。

---

3 考えを発表し合い、考察を深める　〈15分〉

水の量と溶ける量との関係（水20℃）

・個人での考えを基に、お互いの考えを話し合い、共有する。
・グラフを活用し、食塩とミョウバンでの、水の量による溶け方の違いと水の温度による溶け方の違いに気付くようにする。

4 結論を出す　〈10分〉

【参考】水の温度と溶ける量との関係（水50mL）

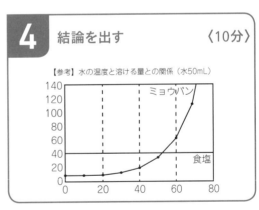

・物の水に溶ける量は、溶かす物によって異なり、規則性があることを捉えるようにする。
・最後にプロットしたものを線でつなぎ、溶解度曲線と見比べさせて、中学校第1学年で詳しく学ぶことを伝えてもよい。
・析出したミョウバンを確認し、次時の問題や、予想の根拠、方法の構想に役立てる。

第⑩時

水に溶けた物を取り出す方法について考える

本時のねらい
・水に溶けた物を取り出す方法を、今までの学習を基に発想することができる。

本時の評価
・食塩やミョウバンの水溶液について、これまでの結果を基に予想や仮説を発想し、観察計画を立てている。思①

準備するもの
・水の温度を上げてミョウバンおよび食塩をたくさん溶かした水溶液
・前時の実験結果のグラフ

1 問題：水にとけた物は、どのようにすれば取り出すことができるのだろうか。

2 予想
・ミョウバンの水よう液は60℃まで温めたものが、今は温度が下がっている。
・ミョウバンは、水の温度を上げると、とける量が増えた。

・食塩の水よう液は水の量を増やすととける量が増えた。
・食塩は、水をじょう発させると出てきた。

前時の実験結果のグラフを掲示する

授業の流れ ▷▷▷

1 問題を見いだす 〈5分〉

ミョウバンは出てきている

食塩は出てきてないのはなぜだろう

・前時の実験で使った食塩水とミョウバンの水溶液を提示し、その違いに気付かせる。
・問題を見いだす。

水に溶けた物は、どうすれば取り出すことができるのだろうか。

2 予想する 〈15分〉

ミョウバンの溶ける量は温度に関係していたね

食塩の溶ける量は水の量に関係していたね

・食塩水とミョウバンの水溶液の違いを推論させる。
・前時の実験結果のグラフを提示しておき、食塩とミョウバンには、温度による溶ける量の変化に違いがあったことを促す。

3

方法

⟹ 水溶液の温度を下げると、とけている物をとり出せそう。
　　　　　　　　　　（冷やす）

⟹ 水溶液の水の量を減らすと、とけている物をとり出せそう。
　　　　　　　　　　（蒸発）

4

結果の見通し

【温度を冷やす】
温度を下げるとミョウバンは出てきて、食塩はあまりでてこない。
【水を蒸発する】
水をじょう発させたなら、食塩もミョウバンもとり出せる。

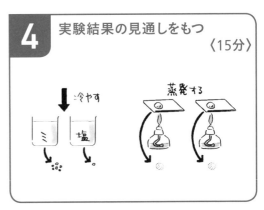

3 実験の方法を発想する 〈10分〉	**4** 実験結果の見通しをもつ 〈15分〉

・ミョウバンは、水の温度を上げるとたくさん溶けたことから、水を冷やすと溶液中のミョウバンが出てくることに気付かせる。

・食塩水は第③時の実験で、水を蒸発させると食塩が出てきたことから、水を蒸発させると溶けた物が取り出せると気付かせる。

・実験結果の見通しをもつことで、主体的に実験に取り組むことができる。

「予想が正しければ、どんな結果になるはずですか」

・予想が合っていると想定することで、考察を導き出しやすくする。

第⑪時

水溶液を冷やして、溶けている物を取り出せるか調べる

本時のねらい
・溶液をさらに冷やすと、ミョウバンを取り出せることを調べることができる。

本時の評価
・食塩とミョウバンの取り出し方について、器具を正しく扱いながら調べ、それらの結果を適切に記録している。知④

準備するもの
- ・ミョウバンの水溶液　・食塩の水溶液
- ・ビーカー　　　　　　・ガラス棒
- ・ろうと台　　　　　　・ろうと
- ・ろ紙　　　　　　　　・洗浄びん
- ・温度計
- ・発砲ポリスチレンの容器
- ・氷

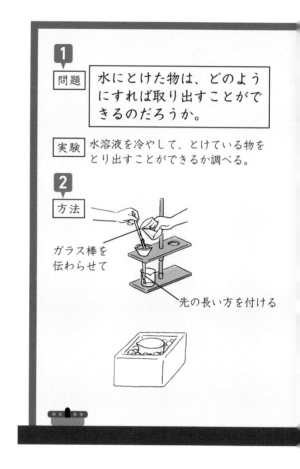

1　問題
水にとけた物は、どのようにすれば取り出すことができるのだろうか。

実験　水溶液を冷やして、とけている物をとり出すことができるか調べる。

2　方法

ガラス棒を伝わらせて

先の長い方を付ける

授業の流れ ▷▷▷

1 問題を見いだす 〈5分〉

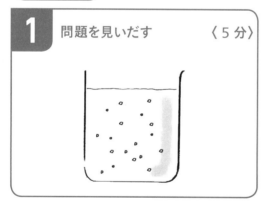

・ミョウバンは、水の温度を上げるとたくさん溶けたことから、水を冷やすと溶液中のミョウバンを取り出せるという見通しをもたせ、主体的な学習となるようにする。

「水溶液を冷やすと、溶けている物を取り出すことができるのでしょうか」

2 ろ過の意味と方法を知る 〈15分〉

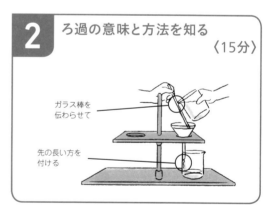

ガラス棒を伝わらせて

先の長い方を付ける

・析出したミョウバンの結晶を取り除く必要性について考えさせる。
・ろ過は固体と液体とを分ける操作である。溶けていないものはろ紙を通り抜けず、溶けているものはろ紙を通り抜けられることを捉えさせる。色付きで透明な入浴剤をろ過し、入浴剤が溶けたままでろ紙を通過する様子を見せるとよい。

結果の見通し
温度を下げるとミョウバン
は出てきて、食塩はあまり
でてこない。

結果

第⑨時の実験結果の
グラフを掲示する

ミョウバンは出てきた。

食塩はほとんど出てこなかった

結ろん

水の温度を上げてミョウバンをたくさんとかした水よう液を冷やすと、
とけていたミョウバンをとり出すことができる。
食塩の水よう液を冷やしても、とけている食塩はほとんどとり出すこと
ができない。

---

3 実験を行う ⟨10分⟩

ミョウバンは
キラキラしたものが
見えてきた！

・ろ過した後の透明な溶液には、ミョウバンが
　溶けていることをおさえる。
・温度計で水の温度をはかることで、水の温度
　が下がっていることに気付くようにする。
・温度が下がらないよう、氷水を入れた発砲ポ
　リスチレンの容器に入れる。

4 結果から考察をする ⟨15分⟩

温度を下げると溶けきれな
くなった分のミョウバンが
出てくるんだね

・前時のグラフを実験結果と照らし合わせ、溶
　けている物を取り出せた根拠とする。
・前時のグラフから、温度を下げると溶ける限
　界の量が少なくなることから、溶けきれな
　かった分が出てくることに気付かせる。
・食塩水は、温度を上げても溶ける量が変わら
　なかったことから、冷やしてもほとんど取り
　出すことはできないことに気付かせる。

第⑫時

蒸発させて、溶けている物が取り出せるか調べる

本時のねらい

・溶けている物は、蒸発させると取り出せることを調べることができる。

本時の評価

・物が水に溶ける量は水の温度や量、溶ける物によって違うという性質を利用して、溶けている物を取り出すことができることを理解している。知③

・溶けている物を取り出す方法について、友達と話し合いながら問題解決しようとしている。態①

準備するもの

・食塩の水溶液　・ミョウバンの水溶液
・ビーカー　　　・ピペット
・蒸発皿　　　　・金網
・加熱器具（カセットコンロ）
・保護メガネ

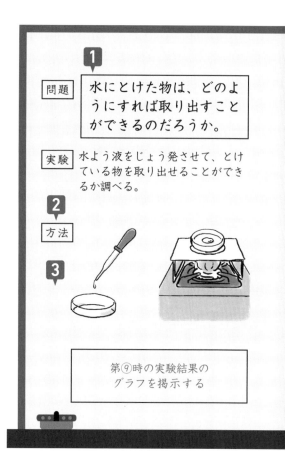

1 問題　水にとけた物は、どのようにすれば取り出すことができるのだろうか。

実験　水よう液をじょう発させて、とけている物を取り出すことができるか調べる。

2 方法

3

第⑨時の実験結果のグラフを掲示する

授業の流れ ▷▷▷

1 問題の確認をする 〈5分〉

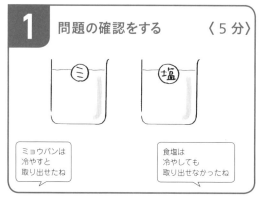

ミョウバンは冷やすと取り出せたね

食塩は冷やしても取り出せなかったね

・前時の実験結果から、冷やすとミョウバンは取り出せたことを確認する。

・本時では、冷やしても取り出せなかった食塩に着目させる。

「水溶液を蒸発させて、溶けている物を取り出すことができるか調べましょう」

2 実験方法を確認する 〈15分〉

＊安全指導に留意する。

・立って実験する。

・保護メガネを必ず着用する。

・加熱している際、液や食塩が飛び散る可能性があるので、蒸発皿をのぞき込まない。

・液がなくなる前に火を消し、最後は余熱で水を蒸発させる・加熱後の蒸発皿は熱くなっているので、さわらない。

※気を付けること

- ・イスをしまい、立って実験する。
- ・保護メガネを使う。
- ・のぞきこまない。
- ・液がなくなる前に火を止める。
- ・火を消しても、すぐに蒸発皿をさわらない。

予想・結果の見通し

水をじょう発させたら、食塩もミョウバンもとり出せる。

4

結果

ミョウバンは出てきた。

食塩は出てきた。

結ろん

水よう液の水をじょう発させると、水にとけていた物を取り出すことができる。

---

3 実験を行う 〈10分〉

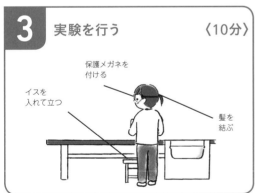

*火を扱う実験なので、椅子をしまい、必ず立って行う。

・火を消すタイミングは、様子を見て声かけをする。

*蒸発皿はるつぼばさみでつかみ、トレーの上かかわいたぞうきんの上にのせる。ぬれぞうきんの上にのせると急な温度変化で蒸発皿が割れる危険がある。

4 実験結果から考察を行う 〈15分〉

・第9時の実験結果のグラフを、溶けている物を取り出せた根拠として活用する。

・食塩水は、温度を上げても溶ける量が変わらなかったことから、冷やしても取り出すことはできないが、水を蒸発させれば取り出せることに気付くようにする。

「今までの実験を踏まえて、なぜ食塩は蒸発させると取り出せると考えられるでしょうか」

2 振り子の運動　A⑵　〔8時間扱い〕

単元の目標

　振り子が1往復する時間に着目して、おもりの重さや振り子の長さなどの条件を制御しながら、振り子の運動の規則性を調べる活動を通して、それらについての理解を図り、観察、実験などに関する技能を身に付けるとともに、主に予想や仮説を基に、解決の方法を発想する力や主体的に問題解決しようとする態度を育成する。

評価規準

知識・技能	思考・判断・表現	主体的に学習に取り組む態度
①振り子が1往復する時間は、おもりの重さなどによっては変わらないが、振り子の長さによって変わることを理解している。 ②振り子の運動の規則性について、観察、実験などの目的に応じて、器具や機器などを選択し、正しく扱いながら調べ、それらの過程や得られた結果を適切に記録している。	①振り子の運動の規則性について、予想や仮説を基に、解決の方法を発想し、表現するなどして問題解決している。 ②振り子の運動の規則性について、観察、実験などを行い、得られた結果を基に考察し、表現するなどして問題解決している。	①振り子の運動の規則性についての事物・現象に進んで関わり、粘り強く、他者と関わりながら問題解決しようとしている。 ②振り子の運動の規則性について学んだことを学習や生活に生かそうとしている。

単元の概要

　本単元では、大きく3つの次に分かれており、1〜3次を通して「振り子が1往復する時間は、おもりの重さなどによっては変わらないが、振り子の長さによって変わること」ことを学習する。

　第1次では、ガリレオの振り子を紹介し、振り子の運動の問題を見いだすようにする。また、長さ、重さ、振れ幅の3つの要因を見いだすために、実際の振り子を自由に試行する時間を設定する。

　第2次では、解決の方法を発想する力を育成するために、おもりの重さ、振り子の長さなどの条件の制御に着目しながら実験の計画を立てるとともに、振れ幅の要因を調べる実験において結果の整理を効率化したり、方法を改善したりすることで、残る二つの実験は併行して行えるようにする。

　第3次では、ものづくりの活動を通して、振り子の性質の理解を深めるとともに、生活に役立つものであることを実感できるようにする。

指導のポイント

(1)本単元で働かせる「見方・考え方」

　本単元では、主として「量的・関係的」な視点を働かせ、振り子の1往復する時間と条件との関係について捉えるようにする。また、第5学年で重視される「条件を制御する」という考え方を働かせ、おもりの重さ、振り子の長さなどの条件を変えて、実験を計画的に行うようにする。

(2)本単元における「主体的・対話的で深い学び」

　主体的・対話的で深い学びを促し、理科が目指す資質・能力の育成が図られるよう、単元の導入時にガリレオの逸話などを紹介し、振り子への興味・関心を高めるようにする。そして、実際に振り子の動く様子を観察することを通して、「振り子が1往復している時間は何に関係しているのか」という問題を見いだすようにする。「調べる（変える）条件」「そろえる条件」を制御しながら計画的に実験を実施し、考察を行う際には、測定した結果を他グループと比較したり平均を用いてグラフに処理したりしながら意見交換を行い、より妥当な考えをつくりだすようにする。

指導計画（全8時間）　　詳細の指導計画は 02-01参照

次	時	主な学習活動	評価
1	1・2	○ガリレオの逸話から、振り子に興味・関心をもつ。 ○振り子実験器を作って、振り子が動く様子を観察し問題を見いだす。	（思①）
2	3・4 5・6	**実験1** 振り子の振れ幅を変え、振り子が1往復する時間を調べる **実験2** 条件を変えて、振り子が1往復する時間を調べる。 　⑦振り子が1往復する時間は、振り子の長さに関係しているか。 　⑦振り子が1往復する時間は、おもりの重さに関係しているか。 ○実験結果について話し合い、考察する。	知②・思② 思①・態①
3	7 8	○振り子の法則をまとめる。 ○これまでの学習を基に1秒振り子を作る。	知① 態②

第①／②時

振り子に関心をもち、振り子実験器を作って観察する

本時のねらい
・ガリレオの逸話などから、振り子に興味・関心をもち、振り子実験器を作って、実際に振り子が動く様子を観察することができる。

本時の評価
・振り子の１往復する時間とその条件との関係について、問題を見いだしている。（思①）

準備するもの
・演示用振り子
・スタンド
・わりばし
・輪ゴム
・ひも　　・厚紙
・分度器
・セロハンテープ
・おもり
・ガリレオの逸話の資料
・ガリレオの写真
｝振り子実験器

1
・ガリレオ・ガリレイ
　（1564 ～ 642）
・近代科学の父と呼ばれる。
・「ふりこの法則」を発見。

「ゆれがおさまってきても、ランプの１往復する時間はいつも同じようだ…」

↓

ガリレオが発見した「ふりこの法則」とは、どのようなものなのだろうか。

授業の流れ ▷▷▷

1 ガリレオの逸話から、振り子に興味・関心をもつ　〈20分〉

・ガリレオについて、簡単に紹介する。
・振り子の定義を確認する。
「ガリレオが発見した、振り子の法則とはどのようなものなのでしょうか」
・ガリレオの逸話を読む。
・演示用振り子が振れる様子を見ながら読む。
・「振り子実験器」を作って調べてみようと投げかける。

2 振り子実験器を作る　〈30分〉

「班で協力して振り子実験器を作ろう」
・教師があらかじめ作っておいた振り子実験器を見て、ランプの代わりにおもりをつけてあることに気付く。
・振り子実験器の作り方の手順を確認する。
・グループで協力し、振り子実験器を作る。
・ひもは長めにして、余ったひもはスタンドに巻き付けておく。

ふりこ実験器を作って、ふりこが動く様子を観察しよう。

ふりこ
おもりをひもでつる
して、一点で支え、
ゆらせるようにした
もの。

2 〈作り方〉
① わりばしにひもをはさみ、輪ゴムをまいて固定する。
② あつ紙で角度板を作る。
③ ①と②で作った物をスタンドにとりつける。

3 〈気づいたこと〉
・<u>ふれはば</u>が大きい時は、おもりの動きが速く、<u>ふれはば</u>が
小さくなると、おもりの動きもおそくなる。
・1往復の時間は、ふれはばが大きくても小さくてもいつで
も同じようだ。(本当にいつでも同じ？！)
・ひもを<u>短く</u>すると、動きが速くなった。
・おもりを縦につなげて<u>重くなる</u>と動きもゆっくりになった。

4 ふりこが1往復する時間は、何によって変わるのか、くわし
く調べていこう。

---

3 振り子が動く様子を観察し、
気付いたことをまとめる 〈30分〉

「作った振り子実験器で、ガリレオが気付いた
ことを確かめてみましょう」

・振れ幅と1往復する時間について脈拍など
で感覚的に調べる。

・振り子が振れる様子を観察して、他にも気付
いたことを出し合う。

・振れ幅はあまり大きくしすぎないようにす
る。(30°以内)。

4 気付いたことから問題を見いだす
〈10分〉

・観察をして気付いたことから、1往復する
時間は何に関係しているのか話し合う。

「ガリレオが気付いたことは正しいと言えそう
ですか。また、振り子が1往復する時間は、
他にどんな条件によって変わりそうですか」

・振り子が1往復する時間と関係していそう
な要因を3つに絞り、追究する意欲を高め
る。

第 ③／④ 時

振れ幅を変え、振り子が 1 往復する時間を調べる

本時のねらい
・振り子の振れ幅と振り子が 1 往復する時間の関係について調べたり、正しい測定方法を理解したりすることができる。

本時の評価
・振れ幅を変えて、振り子が 1 往復する時間を調べるために、器具などを正しく扱いながら、得られた結果を適切に記録している。知②
・実験を行い、得られた結果を基に考察し、表現している。思②

準備するもの
・振り子実験器
・ストップウォッチ

| 問題 | 同じふりこの場合、「ふれはば」 |

1 予想
・ふれはばが大きくても、小さく
・ふれはばが小さい方が、時間が（ふれはばが小さいと、ゆっく
・ふれはばが大きい方が、時間が（1往復のきょりが、長くなる

2 方法
　調べる条件（変える条件）
　ふれはば
　（30°→15°）

2回ふってから計る
① 30° からふり始め、10 往復した
② 15° でもふり、10 往復した時間
③ ②・③から 1 往復の時間を計算す

1 往復の時間＝10 往復の時間（秒）

結果の見通し
ふれはばがいつも同じになるなら、

授業の流れ ▷▷▷

1 振れ幅が変わると、1 往復する時間はどうなるか予想する〈15分〉

振れ幅が大きいと、移動する距離が長くなるから時間がかかると思う

でも、振れ幅が大きいときは速く動いていたよ。逆に、振れ幅が小さいときは、ゆっくり動いていたよ

・前回を振り返り、本時の問題を見いだす。
・用語の確認をする。
　（振り子の長さ、振れ幅、1 往復）
「振れ幅が変わっても、振り子が 1 往復する時間はいつも同じか、理由もあわせて予想しましょう」
・振れ幅が変わると、1 往復する時間はどうなるか予想する（振れ幅は45°以内とする）。

2 観察・実験の計画を立て、全体で測定方法の練習を行う　〈25分〉

調べる条件を1つ決めたら、その他の条件は同じにするんだね

ぼくたちのグループは、長さを50cmにしよう

・調べる条件以外は同じにすること（条件制御）をおさえる。
・振り子の長さはグループごとに相談する。（30cm〜1 m など、範囲を決める。）
・2 回ほど振ってから、計時を開始するなど、全体で正確な測定方法の練習を行う。また、その際に、同じ振り子で計測しても誤差が生じることや誤差の程度について確認する。

が変わっても、ふりこが1往復する時間は、いつも同じだろうか。

ても時間は同じ。
かかる。
り動くから。）
かかる。
から。）

調べる条件
以外は同じ

そろえる条件

ふりこの長さ（各グループで決める）
おもりの重さ（10g1個）

時間を3回計る。
を3回計る。
る。

÷10（回）

30° も 15° も同じ結果になる。

3 結果 ふれはばと1往復する時間（秒）の関係

班	1班	2班	3班	4班	5班
ふりこの長さ	cm	cm	cm	cm	cm
ふれはば 30°		結果を書き込む			
ふれはば 15°					

4 考察
・ふれはばが変わっても、1往復する時間は、ほぼ同じといえる。（誤差が生じる。）
・ふりこの長さが長いグループほど、1往復の時間が長そうだ。

結ろん
同じふりこの場合、ふれはばが変わっても、ふりこが1往復する時間は、いつも同じであるといえる。

---

3 振れ幅を変えながら、1往復する時間を調べる　〈30分〉

・10往復の時間を3回測定し、計算で1往復の時間を求める。
・各グループの実験結果を、板書で共有する。
・役割分担をして協力して調べる。一人1回は実験をし、誰がいつ行っても結果が同じことから、客観性や再現性を高めるようにする。
・明らかに結果がおかしな場合はやり直す。

4 考察し、結論を出す　〈20分〉

振れ幅が変わっても、1往復する時間は同じくらいだね

少し時間が違うけれど、練習したときの誤差と同じくらいかな

「振り子が1往復する時間はいつでも同じと言えるでしょうか」
・誤差について指導しても、わずかな数値の違いにこだわりをもつ子供もいる。その場合は残りの2つの条件についても調べた後に最終的な結論を出すように促す。
・振り子の長さによる時間の違いに気付かせ、次時への問題意識を高めたい。

第⑤／⑥時

条件を変えて、振り子が1往復する時間を調べる

(本時のねらい)

・振り子の長さやおもりの重さを変え、振り子が1往復する時間を調べることができる。

(本時の評価)

・振り子の1往復する時間と2つの条件との関係について、予想を基に観察・実験の計画を立て、調べている。思①
・振り子の1往復する時間を調べる活動に進んで関わり、粘り強く、友達と交流しながら問題解決しようとしている。態①

(準備するもの)

・振り子実験器
・ものさし
・ストップウォッチ

---

1 問題

ふりこが1往復する時間は、何によって変わるのだろうか。

2 予想

・ふりこの「長さ」によって変わる。
（前回の実験で、長いふりこが、ゆっくりふれていたから。）
・おもりの「重さ」によって変わる。
（重い物ほど勢いがつきやすく、速くふれそうだから。）

3 方法
・前回と同じように3回ずつ計る。
・2回ほどふってから計る。

	調べる条件 （変える条件）
実験⑦ ふりこの長さ	30cm、45cm、60cm
実験① おもりの重さ	10g、20g、30g

(授業の流れ) ▷▷▷

1 前時の学習を振り返りながら、本時の問題を見いだす 〈15分〉

> 1往復の時間が長い班と短い班があったのは、ふりこの長さの違いが原因だね

> ふれはばでは、1往復の時間は変わらなかったね

> おもりを増やしたら、1往復の時間はどうなるのかな

・前回の各グループの実験結果を振り返ることで、残りの二つの条件に目を向け、問題を見いだす。

2 長さや重さによって1往復する時間が変わるか予想する 〈20分〉

> 重いおもりの方が、勢いがついて、速くふれると思うな

> 前回の実験の結果から考えると、ふりこの長さが長いと、1往復の時間は長くなるはずだ

「これまでの観察・実験の結果を基に、理由も付けて予想しましょう」

・「重い物ほど勢いがつきやすい」「前回の実験結果で長い振り子ほどゆっくり振れていた」「振れ幅が同じならば、振り子の長さが長くなるほど、おもりが移動する距離が長くなる」などの理由を出させたい。

件を変えて時間が変わった
が、ふりこの 1 往復する時
に関係している。

4 | 結果

㋐ふりこの長さと 1 往復する時間（秒）の関係

班	1 班	2 班	3 班	4 班	5 班
30cm					
45cm		結果を書き込む			
60cm					

㋑おもりの重さと 1 往復する時間（秒）の関係

班	1 班	2 班	3 班	4 班	5 班
10g					
20g		結果を書き込む			
30g					

そろえる条件

ふれはば 30°
おもりの重さ 10g

ふれはば 30°
ふりこの長さ 45cm

---

3 観察・実験の計画を立てる 〈25分〉

調べる条件を1つ
決めたら、その他
の条件は同じにす
るんだったね

今回はクラス全体で
長さや重さを決めて
実験しよう

「前回の実験の計画を基にして、今回の実験の計画を立てましょう」

・振れ幅について調べた前回の実験の計画を基に、なるべく自分たちで計画を考える。

・実験で使用する振り子の長さやおもりの重さ、振れ幅を全体で確認する。

・おもりの増やし方を全体で確認し、振り子の長さが変わらないようにする。

4 条件を変えて、振り子が 1 往復する時間を調べる 〈30分〉

・前回の実験と同じように、10往復の時間を3回調べてから、1往復の時間を求める。

・各グループの実験結果を板書などで共有することで、自分たちのグループの結果が適切かどうか判断することができる。

・前回同様、明らかに結果がおかしい場合は、やり直すよう助言する。

第⑦時

これまでの結果を整理し、考察して、振り子の法則をまとめる

本時のねらい
・振り子が1往復する時間について、これまでに調べてきた結果を基に最終的な結論を出し、振り子の法則についてまとめることができる。

本時の評価
・振り子が1往復する時間は、おもりの重さなどによっては変わらないが、振り子の長さによって変わることを理解している。知①

準備するもの
・グラフをかく用紙（模造紙・画用紙など）
・これまでの実験結果の記録
・計算機

問題

> ふりこが1往復する時間は、何によって変わるのだろうか。

1 結果

考察の前にこれまでの結果を整理する。
⇒1往復の時間の平均を出し、グラフにかく。
（10往復の平均時間÷10＝1往復の平均時間）

（1班）ふれはば（秒）

（1班）ふりこの長さ（秒）

---

1 これまでの実験結果を整理し、1往復の平均のグラフを書く〈20分〉

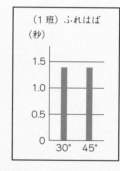

「これまでの実験結果を整理してから、考察しましょう」
・3つの条件の実験結果を基に、振り子が1往復する時間の平均を求める。
・10往復の平均時間÷10＝1往復の平均時間
例（13.91+14.12+14.04）÷3÷10
＝1.402≒1.4（秒）
・計算で求めた1往復の平均をグラフにかく。

2 3つのグラフを見比べ、考察する〈10分〉

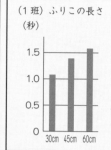

ふりこの長さが変わったときに1往復の時間も変わっているね

他の班のグラフ見て、結論を出した方がいいね

「3つのグラフを見比べ、考察しましょう」
・模造紙や大きな画用紙などに書いたグラフを黒板や教室内に掲示し、クラス全員が各班の結果を比較しながら考察できるようにする。
・自分の班と他の班との共通点や差違点について考えながら、考察するよう促す。

---

2 考察

・ふれはばと重さが変わっても、ふりこの長さが同じならば、1往復する時間は変わらない。
・ふりこの長さが長いほど、ふりこが1往復する時間が長くなる。

3 結ろん

ふりこが1往復する時間は、ふりこの長さによって変わる。

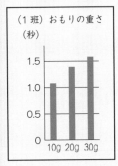

(1班) おもりの重さ
(秒)

4 ガリレオが発見した「ふりこの法則」

〇ふりこが1往復する時間はふりこの長さによって変わる。
〇ふりこの長さが長いほど、ふりこが1往復する時間は長くなる。
〇ふりこの長さが同じならば、おもりの重さやふれはばを変えてもふりこが1往復する時間は変わらない。

---

3 問題に対する結論を出す 〈10分〉

「振り子が1往復する時間は、何によって変わるといえるのか、結論を考えましょう」

・最初の問題「振り子が1往復する時間は、何によって変わるのだろうか。」に立ち返り、問題と結論が整合するように、結論を考える。
・おもりの増やし方を全体で確認し、振り子の長さが変わらないようにする。

4 振り子の法則についてまとめる 〈5分〉

「ガリレオが発見した『振り子の法則』についてまとめましょう」

・振り子の性質について、これまでに調べて気付いたことをまとめ、「振り子の法則」を自分たちも発見したという喜びを味わう。

第 ⑧ 時

1往復する時間がちょうど 1秒になる振り子を作る

本時のねらい
・これまでに学んだことを、1往復する時間がちょうど1秒になる振り子を作る活動に生かそうとすることができる。

本時の評価
・振り子の運動の規則性について学んだことを学習や生活に生かそうとしている。態②

準備するもの
・振り子実験器
・これまでの実験結果やグラフ
・おもり
・ストップウォッチ
・ものさし
・メトロノームやタイマーなど

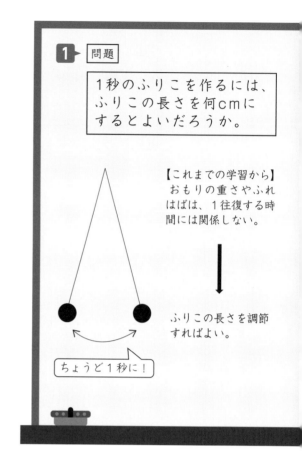

1 問題

1秒のふりこを作るには、ふりこの長さを何cmにするとよいだろうか。

【これまでの学習から】
おもりの重さやふれはばは、1往復する時間には関係しない。

ふりこの長さを調節すればよい。

ちょうど1秒に！

授業の流れ ▷▷▷

1 問題を見いだす　〈5分〉

メトロノームは「ふりこの性質」を利用しているんだね

ふりこの性質を利用した、1秒ふりこを作ってみたいな

・1秒のリズムで動くメトロノームを見せ、興味・関心を高める。

「1往復する時間がちょうど1秒になる振り子を作ってみましょう」

・前時までの学習を振り返りながら、1往復する時間を変えるには、振り子の長さを変えればよいことを確認する。

「振り子の長さを何cmにすればよいですか」

2 これまでの実験結果を基に予想する　〈10分〉

・前時に作成した「振り子の長さと1往復する時間との関係」のグラフやノートなどに記録したこれまでの実験結果などを振り返りながら、予想する。

2 予想

　ふりこの長さを 30cm より少し短くすればよい。

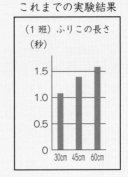

これまでの実験結果

（1班）ふりこの長さ
（秒）

1.5		
1.0		
0.5		
0		
	30cm　45cm　60cm	

3 〈注意〉

　ふれはばは、大きくしすぎないようにする。

4 結ろん

　1秒ふりこを作るには、ふりこの長さを 25cm
くらいにするとよい。

---

3 振り子の長さを調節し、
1秒振り子を作る　　〈25分〉

・実験の際は、これまでと同じようにストップ
　ウォッチで10往復の時間を測定して計算
　し、1往復の時間が1秒か確認する。
・各班で1秒振り子ができたら、メトロノー
　ムと一緒に振って確認する。
・1秒振り子が完成したら、2秒振り子も作
　るよう促す。
・振れ幅は、30°程度にする。

4 本時のまとめをする　　〈5分〉

・理論上は、振り子の長さが約25cmのとき
　に、1往復する時間が1秒となる。
・まとめをした後に、振り子時計やメトロノー
　ムの仕組みについてふれたり、ガリレオの業
　績について紹介したりして単元の学習を終え
　る。

3 電流がつくる磁力 A ⑶ 11時間扱い

電流の大きさや向き、コイルの巻数などに着目して、これらの条件を制御しながら、電流がつくる磁力を調べる活動を通して、それらについての理解を図り、観察、実験などに関する技能を身に付けるとともに、主に予想や仮説を基に、解決の方法を発想する力や主体的に問題解決しようとする態度を育成する。

評価規準

知識・技能	思考・判断・表現	主体的に学習に取り組む態度
①電流の流れているコイルは、鉄心を磁化する働きがあり、電流の向きが変わると、電磁石の極も変わることを理解している。 ②電磁石の強さは、電流の大きさや導線の巻数によって変わることを理解している。 ③電流がつくる磁力について、観察、実験などの目的に応じて、器具や機器などを選択し、正しく扱いながら調べ、それらの過程や得られた結果を適切に記録している。	①電流がつくる磁力について、予想や仮説を基に、解決の方法を発想し、表現するなどして問題解決している。 ②電流がつくる磁力について、観察、実験などを行い、得られた結果を基に考察し、表現するなどして問題解決している。	①電流がつくる磁力についての事物・現象に進んで関わり、粘り強く、他者と関わりながら問題解決しようとしている。 ②電流がつくる磁力について学んだことを学習や生活に生かそうとしている。

単元の概要

第1次では、電磁石に触れる活動を行い、「電磁石を強くするにはどうしたらよいのだろう？」などという疑問をもつことができるようにする。導入で問題意識を醸成した後、電流の大きさや向きに着目して、電磁石と磁石とを比較しながら、電流には磁力を発生させ、鉄心を磁化させる働きがあり、電流の向きが変わると、電磁石の極も変わることを捉えるようにする。

第2次では、電流の大きさや導線の長さ、コイルの巻数などの条件を制御しながら、電磁石の強さを変化させる要因を追究する。その結果、電磁石の強さは、電流の大きさや導線の巻数によって変わることを捉えるようにする。

第3次では、身の回りで電磁石が利用されているものを調べたり、それらを実際に作ったりする活動を通して、電磁石と日常生活を関連付けることができるようにする。

指導のポイント

⑴本単元で働かせる「見方・考え方」

本単元は、「エネルギー」を主とした領域に位置付けられており、事物・現象を主に「量的・関係的」な視点で捉え、「比較」「条件制御」の考え方を働かせることが大切である。

第1次では、主に「比較」の考え方を働かせながら追究する。魚釣りゲームの際、電池の向きを変えた電磁石の釣り竿を用意し、両者の様子の違いから問題を見いだしていく。また、磁石の性質と比較し、共通点や差異点に着目することによって電磁石の性質についての理解を深めていく。

　第2次では、主に「条件制御」の考え方を働かせながら追究し、電流の大きさやコイルの巻数によって電磁石の強さがどのように変化するのか、「量的・関係的」な視点で捉えるようにする。また、追究の過程においては、解決の方法を自ら構想して問題解決することができるようにする。具体的には、どの条件が電磁石の強さを変化させる要因なのかを特定する際、いくつかの要因のうちの1つだけを変えて比較実験を行うことが必要である。そこで、変える条件と変えない条件を明らかにしながら、実験方法を検討していくようにする。

⑵本単元における「主体的・対話的で深い学び」

　「主体的な学び」を進めるために、子供自らが問題を見いだすことを大切にする。本単元で扱う電磁石は、身近な電気製品に多く用いられているが、目に見えない部分で使われているためその存在を知る子は少ない。そこで、導入において魚釣りゲームの活動を取り入れ、電磁石に興味・関心をもたせるとともに、気付きや疑問についての話し合いを通して問題を見いだすようにする。また、必然性のある対話を生み、深い学びを実現するために、予想や仮説を基に検証方法を考えていく際に個別の実験方法を進めたり、2次での検証実験では同じ実験を行ったグループ同士で結果を共有するだけでなく、他の実験方法で行った全ての実験結果から考察し妥当な考えを導きだすようにしたりする。

指導計画（全11時間）　詳細の指導計画は 💿 03-01参照

次	時	主な学習活動	評価
1	1	○魚釣りゲームを行い、電磁石の性質について問題を見いだす。	（思①）
	2	○電磁石の性質についての予想や仮説、実験計画を立てる。	（思①）
		実験1 電流ありと電流なしで電磁石を鉄（クリップ）に近付ける。	
		実験2 電流ありと電流なしで電磁石を方位磁針に近付ける。	
	3・4	**実験3** 電流の向きを入れ替えて電磁石を方位磁針に近付ける。	知①・（思②）
		○電磁石の性質について実験結果から考え、まとめる。	
2	5	○魚釣りゲームを行い、電磁石の強さについて問題を見いだす。	態①
		○電磁石を強くする要因について予想や仮説を立てる。	
		○グループごとに、実験方法を考える。	
	6	**実験4-A** 電流の大きさを変えて引き付けるクリップの数を調べる。	知③・思①
		実験4-B コイルの巻数を変えて引き付けるクリップの数を調べる。	
	7・8	○実験結果を交流した後、他のグループの実験を行い、結果を確認する。	知②・思②
		○電磁石を強くする要因について実験結果から考え、まとめる。	
3	9	○大きい魚を釣り上げることができる釣り竿を作る	（態②）
	10	○身の回りで電磁石の性質が利用されているものを調べる。	態②
	11	○電磁石を利用したものづくりをする。	態②

第①時

魚釣りゲームをして気付いたことや疑問を話し合い、問題を見いだす

(本時のねらい)
・魚釣りゲームを通して、問題を見いだすことができる。

(本時の評価)
・電流が流れているときと流れていないときの違いなどに着目し、問題を見いだしている。（思①）

(準備するもの)
・電磁石の釣り竿（2種類：向きが逆のもの）
・鉄、アルミ、磁石S極、磁石N極が口の外側に付いている魚
・鉄が付いている大きくて重い魚

1・3 魚つりゲームをしよう。

2

赤いさお

電流なし	電流あり	
×	×	🐟
× 全く付かない	○ カチッと付いた	🐟
○ ・魚から飛び付いた	× ・釣りざおが逃げた ・付いていた魚が落ちた	🐟
○ ・魚から寄ってきた	○ 魚からきた	🐟
× ・全く付かない ・反応ない	△ 付くけど持ち上げられない	🐟

(授業の流れ) ▷▷▷

1 魚釣りゲームをする 〈10分〉

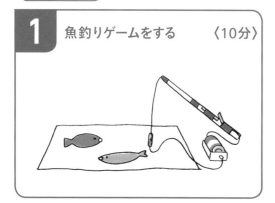

・自由に魚釣りゲームを行い、電磁石の働きへの興味・関心を高める。
・どうすれば魚が釣れるのか、どうして魚が付くのかなど発問しながら、電流の流れと鉄の磁化に目を向けられるようにする。
・魚釣りゲームの際、結果だけでなく、「すごい」「どうして」「もっとこうしたい」などもノートにメモする。

2 魚釣りゲームで気付いたことや疑問などを話し合う 〈10分〉

赤いさおのスイッチを入れたとき、緑の魚が釣れたよ

青いさおでスイッチを入れないと青い魚は釣れたのに、スイッチを入れたら落ちたよ

「魚釣りゲームをして、気付いたことや、あれ？と思ったことなどを出し合いましょう」
・「何をどうすると、何がどうなったのか」を明確にしながら話し合うようにする。
・釣り竿の違いにも気付いたら取り上げる。

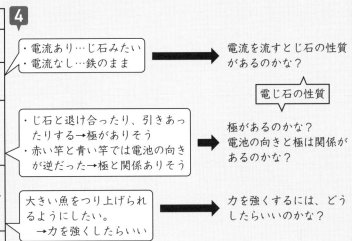

青いさお

電流あり	電流なし	4
×	×	
○ カチッと付いた	× 全く付かない	
○ ・魚が飛び付いた	○ ・魚から寄ってきた	
× ・釣りざおが逃げた ・付いていた魚が落ちた	○ ・魚から飛び付いた	
△ 付くけど持ち上げられない	× ・全く付かない ・反応ない	

・電流あり…じ石みたい
・電流なし…鉄のまま
→ 電流を流すとじ石の性質があるのかな?

電じ石の性質

・じ石と退け合ったり、引きあったりする→極がありそう
・赤い竿と青い竿では電池の向きが逆だった→極と関係ありそう
→ 極があるのかな?
電池の向きと極は関係があるのかな?

大きい魚をつり上げられるようにしたい。
→力を強くしたらいい
→ 力を強くするには、どうしたらいいのかな?

---

3 もう一度、魚釣りゲームをする 〈10分〉

スイッチを入れたときと入れないときで、釣れ方が違うかやってみよう

・話し合った中で、気付いていなかったこと、もう一度試したいことなど、目的を明確にしてから行う。
・1回目と同様、気付きなどはメモする。

4 これから追究する問題を設定する 〈15分〉

スイッチを入れると磁石になっているのか調べてみよう

大きい魚を釣るためには、磁石の力を大きくすればいいんじゃないかな

・2回目の魚釣りゲームで確かめられたことや気付き、疑問などを出し合う。
・子供の気付きや疑問、「こうしたい」という思いから問題を見いだすようにする。
・電磁石の性質についてと、磁力の変化について問題を焦点化していくことができるようにする。

第 ② 時

電磁石の性質について
調べる計画を立てる

本時のねらい
・電磁石の性質について予想や仮説を基に、実験の計画を立てることができる。

本時の評価
・電流がつくる磁力について、予想や仮説を基に解決の方法を発想し、表現している。(思①)

準備するもの
・永久磁石　　・クリップなど（鉄）
・方位磁針　　・乾電池
・コイル　　　・鉄のボルト（鉄心）
・スイッチ

---

1 | 問題

電じ石には、どのような性質があるのだろうか。

〈磁石の性質〉
・鉄を引き付ける
・N極とS極がある
・同じ極同士は退け合い、違う極同士は引き合う
・じ石に付いた鉄はじ石になる。

2 | 予想・仮説

・電流を流したときだけ、じ石になる。
・じ石みたいだったから、鉄を引き付けるし、極がある。
・電池の向きを変えると極も変わる。

授業の流れ ▷▷▷

1 前時に設定した問題を確認し、電磁石の性質を予想する 〈10分〉

電流を流したときに磁石みたいになったね

磁石みたいな性質があるのか確かめたいな

・魚釣りゲームで気付きや疑問をまとめた模造紙板書を見て、前時に設定した問題を確認する。

「前の時間に、魚釣りゲームで気付きや疑問を出し合い、どのようなことを確かめようとなりましたか」

・予想を立てる前に、磁石の性質と比較して考えられるように3年生の学習を想起する。

2 電磁石の性質についての予想を話し合う 〈15分〉

電流を流したとき磁石みたいだったから極があると思うよ

・魚釣りゲームでの気付きを根拠に自分の考えを整理し、話すことができるようにする。

・一人の子供が、いくつもの性質を予想することが考えられる。

・コイルに電流が流れることによって鉄が磁石になるというコイルの役割についての予想も取り上げる。

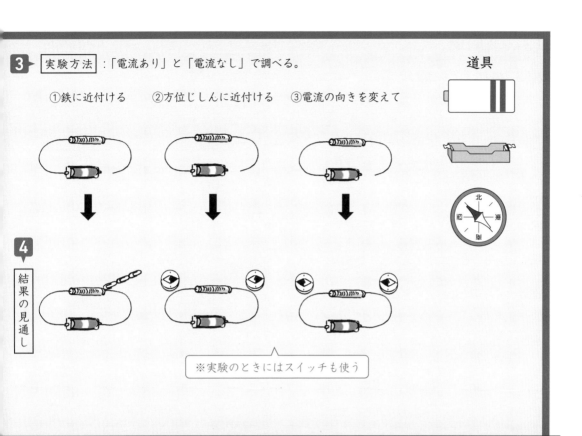

3 実験方法 :「電流あり」と「電流なし」で調べる。

道具

①鉄に近付ける ②方位じしんに近付ける ③電流の向きを変えて

4 結果の見通し

※実験のときにはスイッチも使う

3 電磁石の性質を調べる
方法を考える 〈15分〉

・3年生で学習した磁石の性質と「比較」して調べられるようにする。
・電磁石の性質を調べる方法を個人で考えた後、グループや全体で話し合う。

4 予想が確かだった場合の
結果を見通す 〈5分〉

極があると思うから
方位磁針の針は…

・全体で確認した方法で調べたとき、自分の予想が正しければどのような結果になるか見通す。
「自分の予想が正しければ、どのような結果になるか考えましょう」

電磁石の性質を調べる

（本時のねらい）
・磁石の性質と比較しながら、電磁石の性質を調べることができる。

（本時の評価）
・電流の流れているコイルは、鉄心を磁化する働きがあり、電流の向きが変わると、電磁石の極も変わることについて理解している。知①
・電流がつくる磁力について実験を行い、得られた結果を基に考察し、表現している。（思②）

（準備するもの）
・エナメル線（約4m）　・M5ボルト（鉄）
・ナット　　　　　　　・単3電池
・電池ホルダ　　　　　・ストロー
・紙ヤスリ　　　　　　・段ボール紙など
・方位磁針

問題 **1**

電じ石には、どのような性質がある

結果

		①鉄に近付ける
磁石		○
電磁石	電流あり	○ ○ ○ ○ ○
	電流なし	× × × × ×

考察 **3**　電流ありは、鉄を引き付けたから、電流ありのときだけ鉄心が磁石になっている。

（授業の流れ）▷▷▷

1 問題や実験方法を確認し、電磁石を作る 〈25分〉

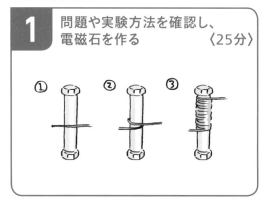

・エナメル線を何回も巻いたものがコイルであるということを押さえる。
・100回巻コイルを作ったときに余るエナメル線は切らずに段ボール紙などに巻き付けて残しておく（第⑥時に意味を指導する）。
・エナメル線の端は電池とつなぐので、紙ヤスリでしっかりとエナメルをはがすようにする。

2 実験を行う 〈25分〉

電流が流れているときは、やっぱり鉄を引き付けるね

・磁石の性質と比較できるように、結果を整理する表を用意する。
・条件制御のために、②③の実験をするときの乾電池の向き（電流の向き）を決める。
・結果が一目で分かるよう、引き付けるときは○、引き付けないときは×というように結果の書き方を確認する。

のだろうか。

結ろん

電じ石は、コイルに電流が流れている間だけ鉄心がじ石になり、じ石と同じようにN極とS極があるが、コイルに流れる電流の向きを変えると極が入れかわる。

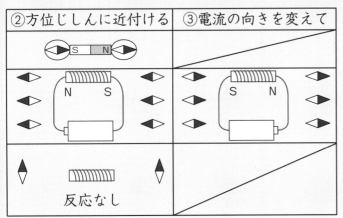

②方位じしんに近付ける	③電流の向きを変えて
S N	
N S	S N
反応なし	

電流ありは、方位じしんの針が同じ方向を向いたから、N極とS極がある。

電流の向きを変えると方位じしんの針の向きも逆になったから、電流の向きを変えると極が入れかわる。

4 電流が流れているときにじ力が出る。

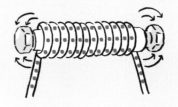

3 結果を交流し、考察する　〈20分〉

どちらも極があるね

電磁石は、電流を流したときだけ磁石になるんだね

・方位磁針の向きで、何極なのかを確かめる。
・事実と解釈を分けて考察できるようにする。
・第4学年で電流の向きを変えるとモーターの回り方が逆になったことを想起し、関係付けて考えられるようにする。
・磁石の性質と比較し、共通点や差異点に目を向けながら考察したり、結論を導きだしたりする。

4 コイルに入れた鉄心が磁石になる仕組みを図などにする　〈20分〉

・事実を基に、鉄心が磁化する仕組みを言葉で説明したり、図や絵で描いたりして、見えない電気とそれがつくる磁石のエネルギーについて共有する。

第⑤時

魚釣りゲームで電磁石の性質や問題を確かめ、予想を立てる

本時のねらい
・電磁石を強くする要因について予想を立てることができる。

本時の評価
・電磁石を強くするためにどうするかという問題について、粘り強く、友達と関わりながら問題解決しようとしている。態①

準備するもの
・第①時でつかった魚釣りゲーム
　魚や電磁石の釣り竿

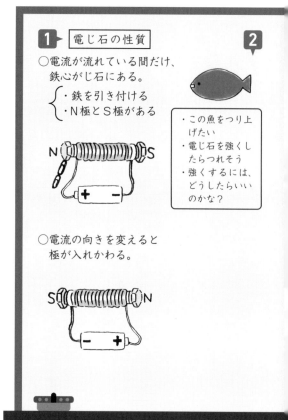

授業の流れ ▷▷▷

1　電磁石の性質を振り返る　〈5分〉

・前時に学習したことを振り返る。

「電磁石には、どのような性質がありましたか」

・電磁石と永久磁石の性質の共通点や差異点を意識するなど、第3・4学年で学習したことと関係付けていくようにする。

2　魚釣りゲームを行い、電磁石の性質と問題を確かめる　〈15分〉

・電流が流れている間だけ鉄心が磁化していることなど、電磁石の性質を意識して魚釣りを行うようにする。

・電磁石の性質が分かっても、大きい魚は釣れないため、第1時で出ていた「磁力を強くするにはどうしたらよいか」という問題を確認するとともに、意欲を高める。

問題	電じ石を強くするには、どのようにしたらよいのだろうか。

3 予想
- かん電池を増やす（直列つなぎ）
- 電流を大きくする
- コイルの巻数を増やす

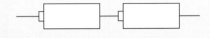

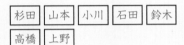

予想A：電流の大きさを大きくする
- プロペラカーのときかん電池を直列つなぎにしたら速く走ったから、電じ石も同じで強くなると思う。
- 電流が大きいと豆電球が明るくついたから、電流の大きさでじ力も変わると思う。

予想B：コイルの巻数を増やす
- コイルに電流が流れるとじ石になるから、たくさん巻いたら強くなりそう。
- 光をたくさん重ねると熱くなったり明るくなったりしたから、同じようにたくさん巻くと強くなると思う。

4

今井	大石	近藤	藤原	渡辺
山田	小林	菅原	前田	阿部	伊藤	佐藤

杉田	山本	小川	石田	鈴木
高橋	上野

名前カードを貼る

---

3 予想を立て、発表する 〈20分〉

乾電池を直列つなぎにするとモーターが速く回ったから、電磁石も強くなると思うよ

コイルの巻数も関係しているのでは…

- 根拠のある予想を立てることができるよう、第4学年「電流の働き」で乾電池を直列つなぎにするとモーターが速く回ることや、第3学年「光の性質」で光を重ねるほど明るく温かくなることなどを想起する。
- 前時までの学習から、コイルに電流が流れることで鉄が磁化することを基に、コイルの巻数に着目できるようにする。

4 要因ごとにグループをつくる 〈5分〉

- 自分の予想した要因に名前カードを貼るなどして自分の考えを明確にし、予想した要因ごとにグループをつくる。
- 4人1グループにし、実験はペアで行うようにする。

第⑥時

電磁石の強さを変化させる要因を調べる計画を立てる

本時のねらい

・予想や仮説を基に、電磁石の強さを変化させる要因を調べる計画を立てることができる。

本時の評価

・電磁石の強さを変化させる要因を調べるために、器具や機器などを正しく扱いながら調べ、得られた結果を適切に記録している。知③
・電磁石の強さを変化させる要因について、予想や仮説を基に、解決の方法を発想し、表現している。思①

準備するもの

・検流計（電流計）
・第③時で作った電じ石（100回巻コイル）
・第③時の電じ石を基に作る50回巻・150回巻コイル
・単3電池　　　　　・電池ホルダ
・クリップ付き導線　・鉄のクリップ

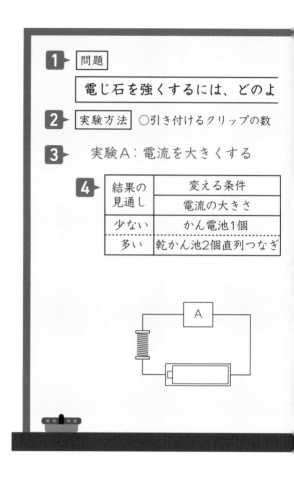

1	問題
	電じ石を強くするには、どのよ

| 2 | 実験方法 | ○引き付けるクリップの数 |

3 　実験A：電流を大きくする

4 結果の見通し	変える条件
	電流の大きさ
少ない	かん電池1個
多い	乾かん池2個直列つなぎ

授業の流れ ▷▷▷

1 問題と予想を確かめる 〈5分〉

自分の予想を確かめるには、どんな実験をしたらいいかな

・問題と予想を振り返り、本時の学習のねらいをつかむ。

2 予想を確かめる方法を考える 〈15分〉

調べるときにいくつ条件を変えていいの？

変える条件は1つだけ！

・発芽の条件や振り子が1往復する時間を変化させる要因を調べる際と同様に、条件を制御して比べることの必要性に気付くようにする。
・変えない条件として導線の長さに目を向けることができるようにする。
・検流計（電流計）を利用して電流の大きさを調べるようにする。

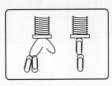

うにしたらよいのだろうか。

を調べる。

実験B：コイルの巻数を増やす

変えない条件	
コイルの巻数	導線の長さ
100回巻コイル	同じ長さ

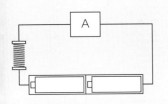

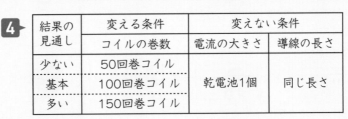

4

結果の見通し	変える条件	変えない条件	
	コイルの巻数	電流の大きさ	導線の長さ
少ない	50回巻コイル		
基本	100回巻コイル	乾電池1個	同じ長さ
多い	150回巻コイル		

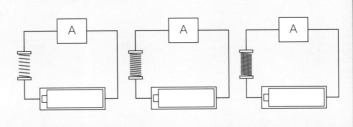

---

3 グループや全体で実験方法を交流し、実験に必要なものを考える　〈20分〉

変える条件は、電流の大きさだよ

コイルの巻数を変えるとき導線の長さも変えないようにするよ

・引き付けるクリップの数を調べるとき、電磁石を固定し、なるべく揺れないようにして行うことや、電磁石にクリップを付ける時の方法なども決めるようにする。
・違いをより理解できるようにコイルの巻数は３種類で行う。

4 結果の見通しを立てる　〈５分〉

電流が大きいと力が強くなると思うから…

「それぞれの予想が正しければ、どのような結果になるはずですか」
・後に電流の大小や変わらないことと結果を関係付けられるように、検流計を活用することはどのグループでも取り入れるように助言する。

第⑦／⑧時

電磁石の強さを変化させる要因を調べる

(本時のねらい)
・実験を通して、電流を大きくしたりコイルの巻数を増やしたりすると電磁石が強くなることを捉えることができる。

(本時の評価)
・電磁石の強さは、電流の大きさや導線の巻数によって変わることを理解している。知②
・電磁石の強さを変化させる要因について実験を行い、得られた結果を基に考察し、表現するなどして問題を解決している。思②

(準備するもの)
・電流計　　　　　　・鉄のクリップ
・単3電池　　　　　・電池ホルダ
・クリップ付き導線
・第3時で作った電磁石（100回巻コイル）
・50回巻コイル、150回巻コイル
・結果用グラフ　　　・シール

---

1 問題

電じ石を強くするには、どのよう

2 結果

実験A：電流の大きさを大きくする

（グラフ）クリップの数
15
10
5

かん電池1個(0.8A)　　かん電池2個直列(1.5A)

かん電池1個よりかん電池2個を直列つなぎにした方が引き付けるクリップの数が多い。

(授業の流れ) ▷▷▷

1 問題や実験方法を確認する 〈10分〉

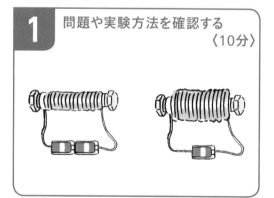

・変える条件と変えない条件、クリップの付け方など前時に考えた実験方法を振り返る。
・電流計で電流の大きさを調べることを確認する。

2 自分が予想した要因について調べる実験を行う 〈20分〉

乾電池1個のときは、クリップを5個引き付けたよ

・実験を複数回行い、ノートの表に記録する。
・引き付けたクリップの数の平均値を出さなくても量的変化に気付くことができるように、グループでグラフに整理する。
・他のグループの実験の様子を確認したり、自分のグループの結果が妥当かを考えたりしながら実験できるように、結果を記録するたびに、黒板のグラフにも結果を整理する。

したらよいのだろう。

実験B：コイルの巻数を増やす

クリップの数

20		
15		
10		
5		

50回巻コイル　100回巻コイル　150回巻コイル

50回巻コイルより100回巻コイル、100回巻コイルより
150回巻コイルの方が引き付けるクリップの数が多い。

4 考察

実験A：
電流の大きさを大きくすると電じ石は強く
なる。
実験B：
コイルの巻数を増やすと電じ石は強くなる。

結ろん

電じ石は、電流の大きさを大きくし
たり、コイルの巻数を増やしたりす
ると強くなる。

---

3 他の要因を調べているグループと結果を
交流しながら、実験をして確かめる　〈30分〉

電流を大きくすると引き付ける
クリップの数が多くなったよ。
コイルの巻数はどうだったの？

・自分が行っていない実験グループのところへ
行き、結果を交流したり、実験方法を教えて
もらいながら実験をして結果を確認したりす
る。
「自分たちの実験結果が出たら、他のグループ
の結果を確かめに行きましょう」

4 結果を確認し、
考察をして結論付ける　〈30分〉

電流を大きくしたり、コイルの
巻数を増やしたりすると電磁石
は強くなるんだね

・事実と解釈を分けて考察できるようにする。
・全ての実験結果から、「電流の大きさ」「コイ
ルの巻数」という量を増減させると、電磁石
の強さがどのように変化するのかというよう
に、「量的・関係的」な視点で考察したり、
結論付けたりできるようにする。

第⑨時

大きい魚を釣り上げることができる釣り竿を作る

本時のねらい

・学習したことを基に、大きい魚を釣り上げることができる釣り竿を作ろうとすることができる。

本時の評価

・電流がつくる磁力について学んだことを学習や生活に生かそうとしている。（態②）

準備するもの

・前時までに使った電磁石
・割り箸　　・単3電池　　・電池ホルダ
・第1時で使った大きな魚
・第1時より大きな魚

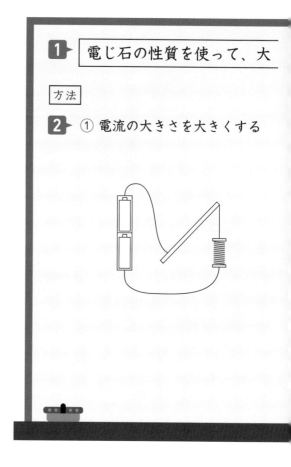

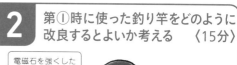

授業の流れ ▷▷▷

1　前時の学習を想起する　〈5分〉

・前時の学習を、掲示物とともに振り返る。
・電磁石の釣り竿で大きい魚を釣り上げたいという思いを想起する。

「どうして電磁石を強くする方法を調べたのですか」

2　第①時に使った釣り竿をどのように改良するとよいか考える　〈15分〉

電磁石を強くしたらいいから…

・なぜ大きい魚を釣り上げることができなかったのかを問い、電磁石の磁力を大きくすることの必要性を確認する。
・第①時に使った釣り竿の何をどのように改良するとよいのか考える。

「大きい魚を釣り上げるには、釣り竿の何をどのようにするとよさそうですか」

きい魚をつり上げることができる釣りざおを作ろう。

② コイルの巻数を増やす

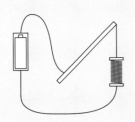

③ 電流の大きさを大きくして、
コイルの巻数も増やす

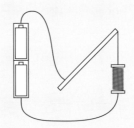

4 まとめ

電流の大きさを大きくしたり、コイルの巻数を増やしたりすると、大きい魚を
つり上げることのできる釣りざおを作ることができる。

---

3 釣り竿を作り、大きい魚を釣り上げることができるか試す 〈20分〉

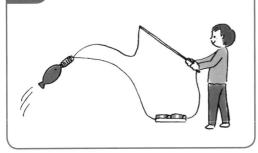

・考えた改良方法で釣り竿を作り、実際に大きい魚を釣り上げることができるが試す。
・電磁石の力が強くなっていることをより実感できるように、第①時で使った魚より重い魚も用意しておく。

4 釣り竿作りを振り返る 〈5分〉

電磁石を生活の中で利用できないかな

電磁石を強くしたら大きい魚も釣れたね

・学びが適用できたことを実感する。
・次時に向けて、電磁石の性質が生活の中に生かすことができないか投げかける。
「電磁石の性質を生活の中で利用することはできそうかな」

第⑩時

身の回りで電磁石の性質が利用されているものを調べる

本時のねらい
・電磁石を利用した様々な道具について調べる活動やものづくりを通して、電磁石が身の回りで利用されていることに興味・関心をもつことができる。

本時の評価
・電流がつくる磁力について学んだことを生活に生かそうとしている。態②

準備するもの
・電磁石が利用されているものの写真
・ワークシート  03-02

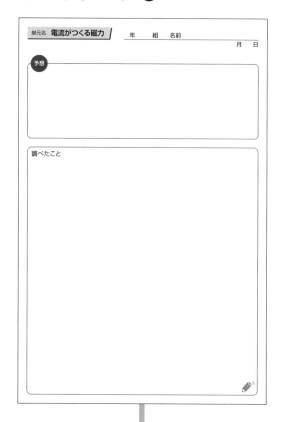

授業の流れ ▷▷▷

| 1 | 今までの学習を想起し、電磁石の性質を利用してそうなものを話し合う 〈10分〉 |

> テレビでスチール缶を大きなかたまりにして持ち上げているのを見たことがあるよ

・電磁石の性質を、掲示物などを利用して振り返る。
・電磁石の性質から身の回りで利用しているものを考えられるようにする。

| 2 | 電磁石を利用しているものを調べる 〈20分〉 |

・電磁石を利用しているものが、電磁石のどのような性質を利用しているかということも考えるようにする。
・モーターが使われている製品は、仕組みと働きを関係付けながら調べるようにする。

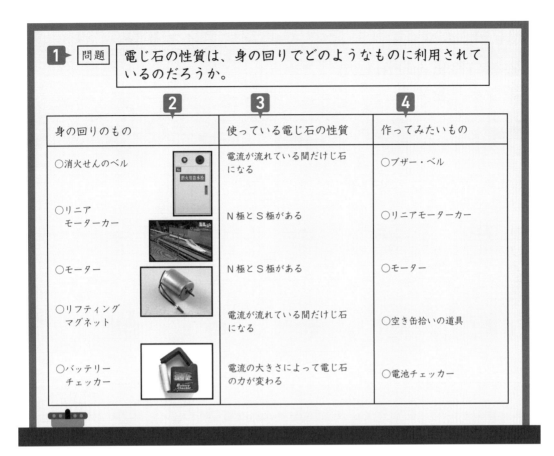

1 問題 電じ石の性質は、身の回りでどのようなものに利用されているのだろうか。

2 身の回りのもの	**3** 使っている電じ石の性質	**4** 作ってみたいもの
○消火せんのベル	電流が流れている間だけじ石になる	○ブザー・ベル
○リニアモーターカー	N極とS極がある	○リニアモーターカー
○モーター	N極とS極がある	○モーター
○リフティングマグネット	電流が流れている間だけじ石になる	○空き缶拾いの道具
○バッテリーチェッカー	電流の大きさによって電じ石の力が変わる	○電池チェッカー

3 身の回りで電磁石の性質を利用しているものや利用している性質について話し合う 〈10分〉

「電磁石のどのような性質を利用したものですか」
・身の回りのものが電磁石のどのような性質を利用しているか整理する。

4 電磁石を使ったものづくりで何を作るか考える 〈5分〉

・調べたものの中から、作ることができそうなものを選ぶようにする。
・電磁石が利用されていることを確かめるためにものづくりをしていくことを理解する。

第⑪時

電磁石の性質を利用した
ものづくりをする

（本時のねらい）
・電磁石を利用した様々な道具について調べる
　活動やものづくりを通して、電磁石が身の回
　りで利用されていることに興味・関心をもつ
　ことができる。

（本時の評価）
・電流がつくる磁力について学んだことを生活
　に生かそうとしている。態②

（準備するもの）
・ワークシート 💿 03-03
・ものづくりに必要な材料

ワークシート 💿 03-03

（授業の流れ）▷▷▷

| **1** | 電磁石を使ったものづくりの設計図をかき、それを基にものづくりをする 〈30分〉 |

電磁石が鉄を引き付ける働きを
利用したおもちゃを作ろう

私は、N極とS極があって退け合ったり
引き合ったりする働きを利用するよ

・電磁石のどのような性質を利用するのか明確にしながら設計したり、制作したりするようにする。
・うまくいかないときは、電流計を使って接触不良がないか確認したり、電磁石の強さをクリップな
　どを使って確認したりするようにする。

| 問題 | 電じ石は、身の回りでどのようなものに利用されているのだろうか。 |

電磁石の性質　　　　　　作ったもの

○電流が流れている間
　だけじ石になる
- ベル・ブザー
- 電じロック
- 空きかんを拾う道具
　（クレーン）

○N極とS極がある
- モーター
- リニアモーターカー

○電じ石の力を変ることができる
- 電池チェッカー

3

| 結ろん |

電じ石の性質は、身の回りでモーターや消火せんのベル、ゴミの分別などに利用されている。

---

2 作ったものを交流する　〈10分〉

僕は、電磁石を利用してモーターを作ったよ

・身の回りにある何を基に考えたものかや、生活の中でどのように生かすことができるかなどについても交流するようにする。
・ワークショップで説明し合ったり、付箋で感想を残したりする。

3 ものづくりを振り返る　〈5分〉

電磁石はいろいろなものに使われているんだね

・電磁石は様々なものに利用されているが、その中でもモーターを利用したものが多いことに触れる。
・エネルギーの保存・変換に関わるものについても触れ、第6学年「電気の利用」につなげることができるようにする。

4 植物の発芽、成長、結実 B(1) 21時間扱い

単元の目標

　発芽、成長及び結実の様子に着目して、それらに関わる条件を制御しながら、植物の育ち方を調べることを通して、植物の発芽、成長及び結実とその条件についての理解を図り、観察、実験などに関する技能を身に付けるとともに、主に予想や仮説を基に、解決の方法を発想する力や生命を尊重する態度、主体的に問題解決しようとする態度を育成する。

評価規準

知識・技能	思考・判断・表現	主体的に学習に取り組む態度
①植物は、種子の中の養分を基にして発芽することを理解している。 ②植物の発芽には、水、空気及び温度が関係していることを理解している。 ③植物の成長には、日光や肥料などが関係していることを理解している。 ④花にはおしべやめしべなどがあり、花粉がめしべの先に付くとめしべのもとが実になり、実の中に種子ができることを理解している。 ⑤植物の育ち方について、観察、実験などの目的に応じて、器具や機器などを選択し、正しく扱いながら調べ、それらの過程や得られた結果を適切に記録している。	①植物の育ち方について、予想や仮説を基に、解決の方法を発想し、表現するなどして問題解決している。 ②植物の育ち方について、観察、実験などを行い、得られた結果を基に考察し、表現するなどして問題解決している。	①植物の育ち方についての事物・現象に進んで関わり、粘り強く、他者と関わりながら問題解決しようとしている。 ②植物の育ち方について学んだことを学習や生活に生かそうとしている。

単元の概要

　第1次、第2次では、植物の発芽、成長にそれぞれ必要な条件について、問題解決に取り組む。その際に、変える条件と変えない条件を制御して実験することが大切であることをおさえる。

　第3次では、条件制御による受粉の実験を通して、受粉から結実の過程を理解するようにする。

指導のポイント

(1)本単元で働かせる「見方・考え方」

　本単元は、「生命」を柱とする領域である。「植物の中の養分」「発芽の条件」「成長の条件」「植物の受粉、結実」の関係について、主に「共通性・多様性」の見方で捉えて、理解を図りたい。また、植物の育ち方とそれらに関わる条件を探る活動を通して、第5学年で重視される「条件制御」の考え方を働かせやすいようにする。

(2)本単元における「主体的・対話的で深い学び」

　第5学年では、問題解決の力として、主に予想や仮説を基に、「解決の方法を発想する力」の育成を重視している。そのため、図表を使って条件制御を視覚的に捉えたり、結果を比較したりできるような工夫を行い、自身で思考を深めたり、ペアや班・学級単位で討議したりできるようにする。またこれまでの栽培経験を想起する場を多く設定することで、今単元で確認した発芽や成長・結実に必要な条件を子供たちの中で一般化できるようにする。

指導計画（全21時間）　詳細の指導計画は ⊙ 04-01参照

次	時	主な学習活動	評価
1	1	○これまで栽培してきた植物を想起し、発芽に必要な条件を考える。	（思①）
	2・3	**実験1** 発芽に水が必要かを確かめる実験を計画し、結果をまとめる。	（知②）・（思①）
	4・5	**実験2・3** 発芽に空気や温度が必要かを確かめる実験を計画し、結果をまとめる。	知②・（思②）
	6	**実験4** ヨウ素でんぷん反応で、子葉のでんぷんが発芽に使われたことを確認する。	知①・（知⑤）
	7	○ヨウ素液を使って、身近な植物の種子のでんぷんを調べる。	（態②）
2	8・9	○前次に育てた植物を、より良く成長させるために必要な条件を考える。	思①・思②
		実験5・6 成長に日光や肥料が必要かを確かめる実験を計画し、結果をまとめる。	
	10	○野菜を例に、日光や肥料、水、温度などに関連する事例について考える。	知③・態②
3	11・12	○花から種子への過程に着目し、花のつくりについて考える。	知④・（知⑤）
		観察1 アサガオの花を観察し、めしべやおしべの様子や数などを記録する。	
	13・14	**観察2** 他の植物の花を観察し、共通点や差異点を整理する。	（知④）・（思②）
	15・16	**観察3** 顕微鏡の適切な使い方を理解し、花粉の姿を観察、記録する。	知⑤
	17・18	**観察4** アサガオの受粉が行われる様子を確認する方法を考え、調べる。	思①
	19・20	**実験7** 受粉の役割を確かめる実験を計画し、結果をまとめる。	知④・思②
	21	○植物と動物の子孫の残し方を比較し、生命のつながりについてまとめる。	態①

第①時

これまで栽培してきた植物を想起し、発芽に必要な条件について考える

（本時のねらい）
・発芽した際の環境要因から、どのような条件が必要かを考え、学習の見通しを立てることができる。

（本時の評価）
・これまで栽培してきた植物と季節ごとの姿、また発芽した時の周囲の様子について想起し、どのような条件が必要なのかを予想し、表現している。（思①）

（準備するもの）
・これまで栽培した植物の花や種子の写真
・発芽したインゲンマメ
・インゲンマメの種子

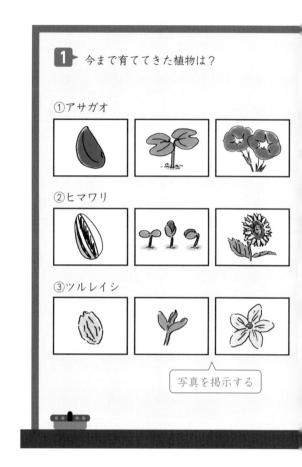

1　今まで育ててきた植物は？

①アサガオ

②ヒマワリ

③ツルレイシ

写真を掲示する

（授業の流れ）▷▷▷

1 これまで栽培した植物を振り返る　〈5分〉

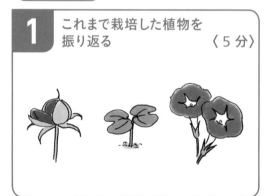

・これまで栽培した植物の種子・発芽・花や実の写真を掲示する。成長過程を一般化した形で捉えられるように、比較しやすく各過程が縦に並ぶように掲示する。
・学校園で発芽している植物など身近に観察できる実物が有れば、しっかり観察させる。

2 「種子」と「発芽」の意味を理解する　〈5分〉

・これまで「たね」と呼んでいたものを「種子」、「芽が出る」と言っていた現象を「発芽」という言葉で表現することを確認する。

2 ― 種子…植物の「たね」のこと
　　 発芽…種子から芽が出ること

問題

発芽にはどのような条件が必要なの
だろうか。

予想 **3**

・水
　アサガオは毎日水をやっていた
　水をやらなかったら、植物は枯れる

・空気
　動物は息をしないと生きていけないよ
　← 植物はどこかで息をしているの？
　　　　　　　　　他に「土」・「日光」

・温度
　冬には植えていなかった
　枯れている植物が多かった
　春に温かくなったら花も咲いていた

4 ― どうやって確かめるか？

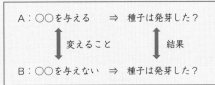

```
A：○○を与える　⇒　種子は発芽した？
　　　　　↓変えること　　　　↓結果
B：○○を与えない　⇒　種子は発芽した？
```

　　　　AとBの条件で　実験してみる

（AとBの結果が同じだったら）
　　○○は、発芽に必要な条件ではない

（AとBの結果が違ったら）
　　○○は、発芽に必要な条件である

まとめ

確かめるための実験は
知りたい条件を与えたものと
与えないもので結果を比べればよい。

3　予想を話し合い、整理する 〈20分〉

・反対の意見も記録しておく。
・「土」や「日光」という意見が予想される。
　取り上げる際に、それぞれにどのような役割
　があると考えているかを整理し、板書してい
　く。
・「空気」という予想が出ないことも考えられ
　る。「水」を検証する2・3時間目に取り上
　げることが可能である。

4　制御する条件と結果を比較することを
　　確認し、実験の見通しをもつ 〈15分〉

・比較対照実験の考えを捉えられるように、制
　御する（変える）条件と結果を比べられるよ
　うに表す。
・他の条件は変えないという基本原則は、次時
　に「水」を検証する実験を計画する際に扱
　う。

第②／③時

発芽に水が必要かを確かめる実験を計画し、結果をまとめる

本時のねらい

・条件に着目しながら、発芽に水が必要かを確かめるための実験を計画し、結果をまとめ、表現することができる。

本時の評価

・植物の発芽には、水が関係していることを理解している。（知②）
・植物の発芽に必要な条件について、予想や仮説を基に解決の方法を考え、表現するなどして問題解決している。（思①）

準備するもの

・インゲンマメの種子　　・脱脂綿　　・水
・プラスチック製コップ
・インターバルレコーダーやタブレット型端末

> 問題
>
> 発芽には水が必要なのだろうか。
>
> 予想　◀1
>
> 必要　　　　　　　　必要ではない
>
> ┌──────┐　　　┌──────┐
> ┊前時の意見や┊　　　┊前時の意見や┊
> ┊　人数　　　┊　　　┊　人数　　　┊
> └──────┘　　　└──────┘
>
> 結果の見通し
>
> 水が発芽に必要ならば、
> 水を与えた種子だけが発芽するだろう。
>
> 変える条件　　　　　　　　　ＡとＢの結果を
> 　Ａ：水を与える　　　　　　比べて確かめる
> 　Ｂ：水を与えない

授業の流れ ▷▷▷

1　問題に対し、予想・仮説を立てる　〈25分〉

・問題に対し、必ず自分の予想をもつようにする。
・仮説を全体で立て、制御する条件と結果の比較を行っていくことを確認する。

2　条件を表にまとめ、実験を計画・セッティングする　〈20分〉

・簡易的な図（イラスト）を描いていきながら、ＡとＢの違いをひとつずつ確認していく。同時に表にまとめることで、子供たちが条件制御について理解しやすいようにする。
・インターバルレコーダーを使用して、徐々に発芽していく様子を録画しておく。

2 実験

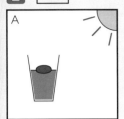

A

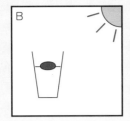

B

※土にはいろいろものがふくまれているので、土の代わりに脱脂綿（バーミキュライト）を使う。

	A	B
水	○	×
空気	○	○
温度	○	○
結果	○	×

※調べる条件だけ変えて、他はそろえる！

3 考察

○どの班でも、水を与えた種子は発芽し、与えない種子は発芽しなかった。
○水を与えた種子は、大きくふくらんでいて、乾いた種子よりやわらかくなっていた。
⇒ 種子の中に水を吸い込んでいるようだ。

結ろん

水は、発芽に必要な条件である。

3 複数の結果から各自で考察を行い、結論を導き出す〈45分〉

・自分の班や他の班の結果を比べながら、個人で考察を書き、情報交換を行う。結論は、問題の文に沿った形で表現する。
・インターバルレコーダーやタブレット型端末のタイムプラスで録画した発芽の様子から、植物の生命力を感じられるようにする。

前時に「空気」が出なかった場合

　「種子にたくさん水を与えてみた」ということで、完全に水に浸したものを準備・提示し、発芽が止まっている様子を確認する。「Aと何が違うのだろう」と問いかけることで、子供たちは種子が空気に触れていないことに気付き、空気が発芽に関係しているのでないかという方向に導いていく。
　セッティングの際、脱脂綿に空気が残っていないようにする。

第④／⑤時

発芽に空気や温度が必要かを確かめる実験を計画し、結果をまとめる

(本時のねらい)
・条件に着目しながら、発芽に空気や適切な温度が必要かを確かめるための実験を計画し、結果をまとめ、表現することができる。

(本時の評価)
・植物の発芽には、空気や温度が関係していることを理解している。知②
・植物の発芽に必要な条件について、条件を制御しながら観察、実験を行い、得られた結果を基に考察し、表現している。(思②)

(準備するもの)
・インゲンマメの種子（複数）　　・水
・プラスチック製コップ
・脱脂綿（バーミキュライト）

問題

発芽には空気やてき切な温度が必要なのだろうか。

予想

| 空気は | 必要 | 必要ではない |

空気は　　必要　　　　　　　必要ではない
　　　　　[人数]　　　　　　　[人数]

温度は　　必要　　　　　　　必要ではない
　　　　　[人数]　　　　　　　[人数]

結果の見通し

発芽に「空気」が必要ならば、
　空気を与えた種子だけが発芽するだろう。
　⇒空気を与えない種子は発芽しないだろう。

発芽に「温度」が必要ならば、
　温かい所に置いた種子だけが発芽するだろう。
　⇒寒い所では種子は発芽しないだろう

(授業の流れ) ▷▷▷

1　問題に対し、予想・仮説を立てる　〈25分〉

・予想を全体で整理して、どのようにして空気を遮断するかを考えるようにする。
・前ページのように「空気」への気付きを教師側で仕組む場合は、「A と水に浸した種子とは何が違うのだろう」と問いかけ、空気の存在に着目できるようにする。
・「温度が高くならない場所は？」と問いかけ、冷蔵庫を使用することを引き出す。

2　条件を表にまとめ、実験を計画・セッティングする　〈20分〉

	A	C	D	E
水	○	○	○	○
空気	○	×	○	○
温度	○	○	×	○
明るさ	○	○	×	×
結果	/18	/18	/18	/18

・制御する条件について、表に整理する。冷蔵庫に入れることは、A と比べて条件が 2 つ変わってしまうことを確認する。その上で「明るさ」と「温度」を比較するために E を準備するよう促す。
・今回はサンプルの数量を増やし、結果や結論の妥当性を高めていくことを説明する。

2 実験

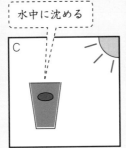

水中に沈める

冷蔵庫に入れる

箱で暗くする

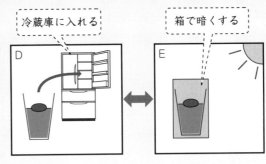

A　C　D　E

	A	C	D	E
水	○	○	○	○
空気	○	×	○	○
温度	○	○	×	○
明るさ	○	○	×	×
結果	15/18	2/18	1/18	14/18
	○	×	×	○

3 考察

○AとEの多くの種子が発芽している。
　明るさは発芽に関係なさそうだ。
○AとCを比べたら、発芽には空気が
　関係しているようだ。
○DとEを比べたら、発芽には温度が
　関係しているようだ。

結論

空気とてき切な温度は、発芽に
必要な条件である。

---

3 複数の結果から考察を行い、結論を導き出す　〈45分〉

・Cでも途中まで発芽する種子もあるが、割合
　は低い。分数で発芽率を表すことで、発芽し
　たかどうかを客観的に判断しやすくする。
・市販の種子には、袋に発芽率を記載してい
　る。考察の際に紹介することで、条件を与え
　ても発芽しない種子があることを知らせる。
・植物によって発芽に適した温度が違うこと
　も、例を挙げながら知らせておく。

条件によって表を分ける場合

空気が必要か？

	A	C
水	○	○
空気	○	×
日光	○	○
結果	15/18	2/18
	○	×

温度は必要か？

	D	E
水	○	○
温度	×	○
明るさ	×	×
結果	1/18	14/18
	×	○

　各条件について丁寧に取り扱う場合、空
気を検証するAとC、温度を検証するD
とEにそれぞれ分けて実験を行うが、表
の項目が変わるので、混乱することも考え
られる。
　第①時で「日光」という意見が出され、
「明るさ」「温度」それぞれの要素が主張さ
れている場合は、板書の表の方がAとE
で比較・検証できるため、有効である。

第⑥時

子葉のでんぷんが発芽に
使われたことを確認する

本時のねらい
・種子のつくりや、種子の中には発芽に必要な
養分が含まれていることを理解することがで
きる。

本時の評価
・植物は、種子の中の養分を基にして発芽する
ことを理解している。知①
・種子のつくりについて、器具などを適切に
使って観察し、変化の過程や得られた結果を
記録している。(知⑤)

準備するもの
・発芽を始めたインゲンマメ（前日から水を吸
収させておく）
・ある程度成長したインゲンマメ
・ヨウ素液　　・米飯　　　・カッター
・スポイト　　・ペトリ皿　　・虫めがね

問題
種子の中は、どのようになっているのだろうか。

観察　**1**　　　　　　　　　　根・くき・葉になる

子葉

水・空気・てき切な
温度だけで？

2

でんぷん　…　米飯などにふくまれている栄養分
（自動車にとってのガソリン）

ヨウ素液　…　でんぷんが有るかを調べる薬品
でんぷんに反応すると
青むらさき色に変わる
（ヨウ素でんぷん反応）

授業の流れ ▷▷▷

| **1** | 種子の内部を観察し、成長したものと比較する　〈15分〉 |

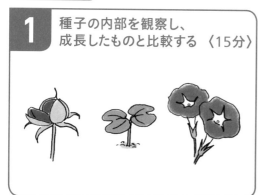

・水・空気・温度を与えるだけで、姿形を変化
させる植物（種子）の生命力を再確認し、そ
の秘密を探る意欲を高める。
・発芽直前の種子を観察・記録し、「子葉」と
いう用語を確認する。また、根・茎・葉に成
長する部分を、成長したインゲンマメと照ら
し合わせながら考えるようにする。

| **2** | 「でんぷん」と「ヨウ素でんぷん反応」を理解する　　〈5分〉 |

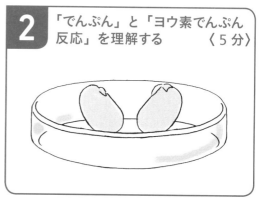

・人の体の成長や維持を例に、でんぷんとヨウ
素でんぷん反応を提示し、説明する。
「脱脂綿や与えた水にはでんぷんが含まれてい
ません。種子の内部を調べてみましょう」

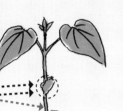

3 実験

インゲンマメの子葉にヨウ素液をつけてみよう

発芽前の種子

 ヨウ素液 → 結果

・ぱんぱんにふくれている
・青むらさきになる

発芽してしばらくたった種子

 ヨウ素液 →

・青むらさき色の部分がへっている。
・しわしわ
・しぼんでいる

4 考察

・成長した後の子葉は、やわらかく、下に落ちているものもあった。
・青むらさき色がへったということは、でんぷんがへっているということ。
　⇒　子葉の中のでんぷんが、発芽に使われたのだろう

結ろん

・種子にはでんぷんという養分がふくまれている。
・植物は種子の中にあるでんぷんを使って発芽している。

3 発芽前後の子葉にあるでんぷんを調べ、比較する　〈15分〉

・ヨウ素でんぷん反応を見る前に、それぞれの子葉を触れるようにする。
・主に切り口に出るヨウ素でんぷん反応について、図や言葉を使って結果をまとめる。

4 結果から考察を行い、結論を導き出す　〈10分〉

・ヨウ素でんぷん反応の結果のみで考察させるのではなく、柔らかさや縮みなど視覚・触覚で捉えられる子葉の形態の変化と併せながら、子葉からでんぷんが減ってきていることを深く理解できるようにする。

ヨウ素液を使って、身近な植物の種子のでんぷんを調べる

本時のねらい

・ヨウ素液を使って、インゲンマメ以外の植物の種子にもでんぷんが含まれているかを調べることができる。

本時の評価

・植物の育ち方について学んだことを学習や生活に生かそうとしている。（態②）

準備するもの

・ヨウ素液　　・ペトリ皿　　・スポイト
・カッター　　・ルーペ　　　・試薬びん
・種子や製粉（トウモロコシ・小麦・エンドウマメ）など
・ワークシート 🔘 04-02

| 単元名 植物の発芽、成長、結実 | 年　組　名前 |

☺ 学習問題
　身のまわりの種子のでんぷんを調べよう

これらの種子のヨウ素でんぷん反応を見てみよう

① (　　　　　　　)

② (　　　　　　　)

③ (　　　　　　　)

気付いたこと

授業の流れ ▷▷▷

1 前時に行った実験を振り返り、実験を行う 〈15分〉

・植物によっては含まれているでんぷんの量が少ない。反応が出ない場合、第⑥時での概念が揺るぎ、子供の中で混乱が生じる。よって、事前に教師側が予備実験を行う必要がある。
・トウモロコシやエンドウマメなどは、冷凍食品を解凍したもので対応できる。小麦の場合、種子がなければ小麦粉で代用する。

2 結果を記録し、それぞれの反応の様子を比較する 〈10分〉

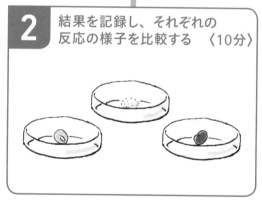

・ワークシートに、ヨウ素でんぷん反応の結果を図や言葉で記録をするよう促す。その際、変色の濃淡や明るさなど、比較の視点を示しておく。
「色が濃いところや薄いところ、明るいところや暗いところなど、比べてみましょう」

問題

他の種子にもでんぷんは
あるのだろうか。

 実験・結果

○トウモロコシ

○インゲンマメ

○小麦

ワークシートを拡大掲示する

 考察

・どの種子もヨウ素でんぷん反応があった。
・同じヨウ素液を使っているのに、
　ヨウ素でんぷん反応にちがいがある。

　色が付いた部分のちがい
　　⇒　でんぷんのある場所のちがい

　色のこさ
　　⇒　でんぷんの量のちがい

　色の明るさ
　　⇒　でんぷんの粒のちがい

4 結ろん

どの種子にもでんぷんはある。
種子のでんぷんは、植物によってちがう

人はトウモロコシやインゲンマメを
食べている
⇒　種子のでんぷんを食べて生きている。

3 共有した結果から考察を行い、結論を導き出す　〈15分〉

・ICT機器を使用して、変色した部分や子供たちのワークシートを拡大提示する。
・子供たちが植物の共通性と多様性を捉えられるように、比較の視点を基に、それぞれの種子について全体で共有する。

4 植物と人間のつながりについて考える　〈5分〉

「人間にとって、種子は食糧でもあります。種子が発芽に使う養分を、人が取り入れることで生命を維持しているのですね」

・植物や、植物と動物とのつながりに対する理解が深まるように促す。

第 ⑧ ／ ⑨ 時

植物の成長に関係する条件を確かめる実験を計画し、結果をまとめる

本時のねらい
・条件を着目しながら、よりよい成長に日光や肥料が必要かを確かめるための実験を計画し、結果をまとめ、表現することができる。

本時の評価
・植物の成長に必要な条件について、予想や仮説を基に解決の方法を考え、表現している。思①
・植物の成長に必要な条件について、条件を制御しながら観察、実験を行い、得られた結果を基に考察し、表現している。思②

準備するもの
・成長したインゲンマメ（複数）
・パーライト（またはバーミキュライト）
・液体肥料　　・段ボール

問題

植物のよりよい成長にはどのような条件が必要なのだろうか。

予想	

日光
・日光が当たった方があたたかい。
・気温が高くなると、生き物は活発になる。

肥料
・農家の人は畑に肥料をまいている

結果の見通し

成長に日光が必要ならば、
　　日光を与えた方がよりよく成長するだろう。

成長に肥料が必要ならば、
　　あたたかいところに置いた方がよりよく
　　成長するだろう。

授業の流れ ▷▷▷

1　問題に対し、予想を話し合う　〈25分〉

・「インゲンマメを多く収穫したい」など「よりよい成長」の必要性をもたせる。
・日光は、「明るさ」と「温度」ふたつの意味合いを持つ。「気温が低いところほど、よく育つのかな？」と問いかけるなど、「明るさ」に焦点を当てるように整理する。
・発芽の条件を探る実験を振り返り、全体で予想を整理する。

2　条件を表にまとめ、実験を計画・セッティングする　〈20分〉

	A	B	C
日光	○	×	○
肥料	○	○	×
結果			

・第1次で発芽させたインゲンマメを、鉢に植え替え、肥料を含まないパーライトで周りを囲む。
・「よりよい成長の基準は？」と問いかけ、葉の枚数や大きさ、茎の太さ、緑の濃さ等で比べるように促す。

---

2 実験

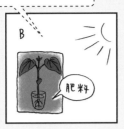
箱で囲み、日光を当てない

肥料をあたえない

結果

	A	B	C
日光	○	×	○
肥料	○	○	×
結果		Aより 葉が小さい 　少ない 緑が薄い→白い 茎は細い	Aより 葉が小さい 　少ない 緑色は同じ 茎は少し細い

3 考察

○AとBを比べたら、成長には日光が関係している。

○AとCを比べたら、成長には肥料が関係している。

○他の植物も、日光が当たらなければ緑がうすくなったりするのだろうか？

結ろん

よりよい成長には、日光と肥料が必要である。

---

3 複数の結果から各自で考察を行い、結論を導き出す　〈45分〉

・「日光」「肥料」を確かめる組み合わせは何かを確かめ、表に言葉で記録する。

・BとCの結果は、「Aと比べて…」という書き出しで表すよう指導する。

・自分の班の結果が、他とおおよそ同じであるかを確認する。同様の結果が多いことは、そのデータの信頼性が高いことを、発芽の実験を振り返りながら再確認する。

条件によって表を分ける場合

日光が必要か？

	A	B
日光	○	×
肥料	○	○
数		
太さ		
緑		

肥料が必要か？

	A	C
日光	○	○
肥料	○	×
数		
太さ		
緑		

　各条件について、別々の表で丁寧に取り扱うことで、日光と肥料がそれぞれどのような影響を与えるかについて、検証しやすくなる。

　特に、日光と緑の濃さについては、第6学年での学習につながる。

第⑩時

野菜を例に、日光や肥料、水、温度などに関連する事例について考える

本時のねらい

・植物に対し、日光や肥料、水、温度などの環境要因を操作している事例について理解することができる。

本時の評価

・植物の成長には、日光や肥料などが関係していることを理解している。知③
・植物の育ち方について学んだことを、学習や生活に生かそうとしている。態②

準備するもの

・長ネギと長ネギの苗の写真
・長ネギを栽培している作業の動画や画像
・稲作など、他の作物を栽培している画像

問題

植物の発芽や成長の条件が農業で生かされているのだろうか。

長ネギ

・緑の部分が多い
　↑葉っぱの部分
・根だけが白い

・白い部分が多い
・太く成長している
→この部分がよく食べられる

授業の流れ ▷▷▷

1 長ネギと苗を比較し、白い部分が意図的に栽培されていることを知る 〈15分〉

「長ネギは、どこまで土に埋まっているか、見たことはありますか」

・長ネギの苗と長ネギの実物（土がついているものが望ましい）もしくは画像を提示し、白い部分が多くなっていることに気付く。
・白い部分の食材としてのニーズを知り、農家が工夫しながら栽培していることを理解できるようにする。

2 白い部分ができる理由と、栽培の方法について考える 〈10分〉

・前時までの学習を生かしながら、白い部分ができる理由を考える。
・日光を遮られた部分が白くなることを確認し、実際に遮っている方法について、前時の実験方法を基に考える。
・ペアや班で意見を交流する。

2 なぜ白くなったのだろう？

日光に当てなかった
インゲンマメは ➡ 日光を
色が白かった 当てなければ
よい

どうやって日光を当てないようにする？

・箱をかぶせる？
・土の下に伸びていくだけだから、
　何もしなくてよいのでは？

3

長ネギの白い部分は、土をかぶせていく
ことでどんどん長くなる。

4 いな作

水を一旦無くすことで、
➡ イネは根をさらに
伸ばそうと成長する

考察

・日光や肥料などを与えると、
　よりよく成長させることができるが、
　逆に与えないさいばいがある。

結ろん

農業では、植物の成長に関係ある条件を
コントロールして、思ったような作物を
作っている。

農家の人たちの工夫はすごい。

---

3 長ネギ栽培で日光を遮る
方法について理解する 〈10分〉

・長ネギが成長したら土を被せる作業を繰り返
　していきながら、白い部分を長くしていく農
　家の工夫を理解できるようにする。
・地域や学校の状況に応じて、他の野菜を比較
　用に用意してもよい（アスパラガス、タマネ
　ギ、セロリ、カイワレダイコン、ニンジンな
　ど）。

4 農業では植物と環境の関係を利用
していることを理解する 〈10分〉

・稲作の栽培で、与える水の量を調整したりす
　ることで稲の成長具合に変化をもたせること
　などを知る。（他にも影響はある）
・温度を調整することで旬の時期をずらして栽
　培するビニールハウスの存在を確認する。
・植物の成長を知り、環境の関係を操作しなが
　ら栽培を行う農業の素晴らしさを理解する。
　（社会科との学習のつながり）

第⑪／⑫時

花から種子への過程に着目し、花のつくりについて調べる

本時のねらい

・種子ができるまでの過程に関心を持ち、前段階である花のつくりを観察することができる。

本時の評価

・雌しべや雄しべなど、花のつくりについて理解している。知④
・花のつくりについて、目的に応じて選択した器具を正しく扱いながら調べ、適切に記録している。（知⑤）

準備するもの

・アサガオの花（インゲンマメ、ヘチマなど）
・虫めがね
・実物投影機（提示用顕微鏡）
・両面テープ（セロハンテープ）
・ピンセット

授業の流れ ▷▷▷

1 これまでの学習を振り返り、種子ができるまでの過程について関心をもつ 〈15分〉

・発芽や成長に必要な条件について振り返り、今後は種子ができるまでの過程について考えていくことを伝える。
・種子から花を咲かせるまでの過程がある点で、インゲンマメとアサガオの共通性を確認し、今後の教材として使うことを知らせる（栽培している植物やこれまで観察してきた植物を扱う）。

2 アサガオの花のつくりを観察し、記録する 〈25分〉

・細かい部分まで観察しようとする意識を高めるため、観察前に簡単に花の絵を描き、実物と比較するなどの工夫をする。
・アサガオの花弁を割き、雄しべや雌しべ、がくの部分まで観察し、記録する。
・雄しべと雌しべの見分けができていない場合、「すべて同じものなのか」と問い、ペアや班内で意見交換をする。

2 問題

アサガオの花はどのようなつくり
になっているのだろうか。

観察

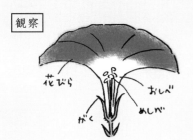

4 考察

○アサガオの花は
　めしべ１本のまわりにおしべが５本。
　花びら１枚を、がくで支えている。
○菜の花は花びらが４枚だったが、
　めしべやおしべにもちがいがあるのだろうか。

3
めしべ　　　　　　　　　　花びら

おしべ　　　　　　　　　　がく

花粉…花びらやめしべについていた粉
　　　おしべで作られている。
受粉…花粉がめしべの先につくこと。

結ろん

アサガオの花は、めしべやおしべ、
花びら、がくでできている。

他の花も同じようなつくりになっているのかな。
　・花びらの数　　　・めしべやおしべの数

---

3 アサガオの花のつくりについて、
全員で確認する　　　　　〈25分〉

・拡大された画像または実物提示を使って、全
　員で確認していく。
・記録の加筆修正の時間も確保する。
・先端の形状の違いから、雌しべと雄しべの存
　在を理解する。また記録後、ピンセットで丁
　寧に分解して並べていく。全員で結果を共有
　することで、雌しべや雄しべの本数の共通性
　を見いだすようにする。

4 考察を行い、他の植物の花も
同様なのかを予想する　　〈25分〉

・雌しべと雄しべ、花弁とがくについて理解を
　するとともに、花粉や受粉についても理解
　し、さらに細かく観察したいという意欲を高
　める。
・「他の植物の花も同じつくりだろうか」と問
　いかけ、予想される共通点・差異点について
　整理する。

第 ⑬ ／ ⑭ 時

他の植物の花を観察し、共通点や差異点を整理する

本時のねらい
・アサガオ以外の植物を観察し、共通性や多様性を捉えることができる。

本時の評価
・雌しべや雄しべなど、花のつくりについて理解している。（知④）
・花のつくりについての観察を基に考察し、表現している。（思②）

準備するもの
・単性花と両性花
・ピンセット　　　・虫めがね
・ワークシート 💿 04-03
・セロハンテープ
・実物投影機（提示用顕微鏡）
・植物図鑑

単元名 植物の発芽、成長、結実	年　組　名前
	月　日

植物の名前（　　　　　　　　　　　）

花びら	
めしべ	
おしべ	
がく	
その他	

気付いたこと

授業の流れ ▷▷▷

1　複数の植物の花のつくりを観察し、記録する　〈30分〉

・オクラ、ヘチマ（カボチャ・ツルレイシ）、ツユクサなど、判別しやすい花を用意する。
・花びら、雌しべ、雄しべ、がくを比較の基とし、本数や形状などについて図や言葉で記録する。
・全体を描いた後は、前時に行ったように、分解していく。

2　種類ごとに観察記録を並べ、照らし合わせる　〈15分〉

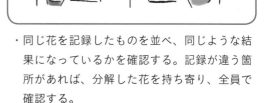

・同じ花を記録したものを並べ、同じような結果になっているかを確認する。記録が違う箇所があれば、分解した花を持ち寄り、全員で確認する。
・植物図鑑を準備するなど、分からない時は自分たちで調べられる環境を整えておく。

問題 **1**

他の花も、同じようなつくりに
なっているのだろうか。

観察

2 **3**

	オクラ		ナス		ツルレイシ	
めしべ	○	1本	○	1本	○	1本（かた方）
おしべ	○	多数	○	5本	○	3本（かた方）
花びら	○	5枚	○	1枚	○	1枚
がく	○	5個	○	1個	○	5個
その他				花びらはくっついている？		めしべだけの花 おしべだけの花

4 考察

・おしべの本数や形のちがう
・めしべやめしべしかない花がある
　⇒　それぞれ違うこと

・どの花も　めしべやおしべ
　　　　　　花びらやがくがある
　⇒　共通していること

結ろん

どの植物の花も、花をつくっているものは同じだが、本数や形など、細かい部分はそれぞれちがう。

ツルレイシのなかまの花
　めしべだけの花　→　め花
　おしべだけの花　→　お花

---

3 それぞれの花のつくりについて
全体で確認する　　　〈20分〉

・拡大提示装置を利用して、花を分解したもの
　を見せながら、全体で確認する。
・どの植物も、数や形状は違っても、雌しべや
　雄しべを有している共通性を見いだせるよう
　な表の工夫を行う。
・ヘチマなどの単性花について説明する。その
　際、「実になる部分はどちらの花か」と問う
　ことで、雌しべの下部に着目するよう促す。

4 考察を行い、結論を導き出す
　　　　　　　　　　　〈25分〉

・サクラやナノハナといった春に咲く花を例示
　することで、子供たちの理解をさらに深め
　る。
・花粉の存在に触れ、次時はアサガオの花粉の
　姿を見ることを伝える。

第⑮／⑯時

顕微鏡の適切な使い方を理解し、花粉の姿を観察、記録する

本時のねらい

・顕微鏡を使い、アサガオや他の花の花粉を観察、記録し、共通点や差異点を調べることができる。

本時の評価

・花粉について、目的に応じて選択した器具を正しく扱いながら調べ、適切に記録している。知⑤

準備するもの

・アサガオの花
・虫媒花や風媒花の花粉や資料
・セロハンテープ
・スライドガラス
・顕微鏡
・実物投影機（提示用顕微鏡）

顕微鏡の使い方

けんび鏡
接眼レンズ
対物レンズ
クリップ
ステージ
反しゃ鏡
調節ねじ

①対物レンズをいちばん低い倍率にする。
②接眼レンズをのぞきながら反射鏡の向きを変えて、明るさを調整する。
③ステージの穴の中心に見たいものがくるようにプレパラートを置く。
④横から見ながら調節ねじを回し、対物レンズとプレパラートの間を狭くする。
⑤接眼レンズをのぞきながら、対物レンズとプレパラートの間を広げ、ピントを合わせる。

倍率 ＝ 接眼レンズの倍率 × 対物レンズの倍率
注意：直射日光が当たらない明るい所で使う

授業の流れ ▷▷▷

1 顕微鏡の各部分の名称や使い方を理解する 〈20分〉

・全体での説明や、各々が行う実際の観察において、教科書にある顕微鏡のページを活用する。特にペアもしくは班で、互いの動きを確認し合いながら練習する。
・LED ライトが光源になっている顕微鏡が多いが、反射鏡の使い方と注意点は指導する。

2 アサガオやツルレイシの花粉を観察し、記録する 〈25分〉

・セロハンテープで花粉を採取し、そのままスライドガラスに張り付けてもよい。
＊花粉に対するアレルギーをもっている子供がいないかを把握しておく。アレルギーのない子供は、花粉に実際に触れてみる。
・顕微鏡を使用していない子供は、提示用顕微鏡で映し出された花粉を観察、記録する。

問題	花粉は、どのような姿をしているのだろうか。

2

3

観察

○白っぽい色
○丸い
○少しとげがある

○黄色
○ラグビーボールの形
○少しベタベタ

○小さくて丸っこい
○風に飛ばされている
→花粉症の原因

拡大掲示する

考察

4
・ヘチマの花粉は、虫の足についている
・虫が来る花は甘い匂いがした
　→　虫が受粉させている

・写真にあるスギの花粉の量は多い
・風がまき散らしている
　→　風が受粉させている

・アサガオは、朝にさいた時には受粉している
・花の所に虫は多く居たかな？　風？
　↑つぼみを袋でおおって確かめよう
　（風や虫が、邪魔しないように）

結論

花粉は、受粉の仕方などで、
それぞれ大きさや形が違っている。

---

3 それぞれの花粉の特徴について出し合う　〈25分〉

・雄しべで作られた花粉は、雌しべに運ばれることを確認し、花粉の運ばれ方が形状等に影響するのではないかという考えをもつ。
・ヘチマもしくはコスモスなど、夏から秋にかけての虫媒花が用意できれば、観察に使いたい。難しい場合は、虫がついている写真と花粉の写真を用意する。

4 観察結果から考察を行い、結論を導き出す　〈20分〉

・受粉の運ばれ方にはいろいろな方法があること、また花粉の形状も違っていることを確認する。
・アサガオの花において、受粉が、いつ、どのように行われるのか考える。虫や風による受粉の可能性を確認するためにどうすればよいかを問い、ビニル袋で覆うことを想起しやすくする。

第15／16時
101

第⑰／⑱時

アサガオの受粉が行われる様子を確認する方法を考え、調べる

（本時のねらい）
・アサガオの受粉が、いつどのように行われるかを検証する方法を考え、観察を行うことができる。

（本時の評価）
・植物の受粉について、予想や仮説を基に、解決の方法を発想し、表現するなどして問題を解決している。思①

（準備するもの）
・アサガオの花　　・ピンセット
・虫めがね
・テープのり（両面テープ）
・方眼紙（記録用）

※時間や生育状況によっては本時を省略することも考えられる。

問題

アサガオの受粉は、いつ、どのように行われるのだろうか。

開花2日前　　　　　　　　　開花

| つぼみ
柱頭
めしべ
おしべ | →
風・虫…× | 花
柱頭
めしべ
おしべ |

受粉…×　　　　　　　　　　受粉…○

2
花粉は開花前にはまだ袋（やく）の中。
おしべの長さがつぼみの時より長い。
開花した時は、めしべと同じ長さだ。

予想

アサガオは、開花する前におしべがのびて受粉するのではないか。

（授業の流れ）▷▷▷

1　アサガオの受粉が、虫や風によるものではないことを確認する　〈15分〉

・前時に、蕾の状態からビニール袋で覆ったアサガオを用意しておき、観察した時には受粉が行われていたことから、虫や風によるものではないことを確認する。
・蕾を裂いて、受粉が行われていないことを確認する。
・アサガオ以外の植物で行ってもよい。

2　開花前後の花を比較し、受粉について予想をもち、観察の計画を立てる〈30分〉

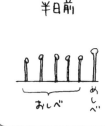
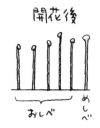

・雄しべの先（葯）や、雌しべや雄しべを貼り付けた方眼紙を拡大して提示し、予想に役立てる。雌しべと雄しべそれぞれの根本は揃え難いので、ある程度の高さで同時に切り取る。テープのりを使うと簡単である。
・ヘチマなど雌雄別の植物では、花がさく前にできることで構想するように助言する。

観察 3

めしべとおしべの長さ比べ

	2日前		1日前		半日前		開花	
受粉	×		×		×		○	
めしべと おしべの 長さ								

考察 4

開花する前の多くの花は、おしべの長さが短い。
開花に近い花の多くは、おしべは長い。
おしべは、どんどん長くなっている。
→ おしべがめしべの先に近づいてきている。

結ろん

> アサガオは、開花する前におしべがのびながらめしべに花粉を付けている。

---

3 開花前後の花をそれぞれ観察、
記録し、整理する 〈20分〉

・数日後に自分たちの調べるアサガオの蕾はど
の時間帯に位置付くかを考えながら、雌しべ
や雄しべの長さを比較と、受粉しているかの
確認を行う。
・板書で示した表に、自分たちの観察した結果
を貼り、全体で一つの表にまとめる。半日前
の蕾など、観察時刻を再度設定する機会を設
ける。

4 観察結果から考察を行い、
結論を導きだす 〈25分〉

・時間軸の表に雄しべと雌しべの長さの変化を
描き足し、仮説に沿って考察を行う。
・インターバルレコーダーで記録したものや、
動画を使って、アサガオが受粉している様子
を視覚的に捉える。
・アサガオは今後花が枯れ、結実することを振
り返り、受粉は結実に関係する現象なのかを
考える。

第⑲／⑳時

受粉の役割を確かめる実験を計画し、結果をまとめる

（本時のねらい）

・受粉の役割について予想し、検証する実験を計画し、結果をまとめ、表現することができる。

（本時の評価）

・受粉すると、めしべのもとが実になり、実の中に種子ができることを理解している。知④
・植物の受粉について、条件で制御しながら実験を行い、得られた結果を基に考察し、表現するなどして問題解決している。思②

（準備するもの）

・ビニル袋
・ピンセット
・モール

---

1 問題

花がさく時（さいた後）に植物が受粉を行う理由は何だろうか。

・意味はないのでは？
・花がさいた後には実や種子ができていた
　→実や種子に関係あるの？

予想

・受粉をすると、実ができるのだろうか

　　　できる　　　　　できない

・受粉したら、実や種子ができるのではないか
　→受粉しなかった花には、
　　実や種子はできないのではないか

（授業の流れ）▷▷▷

1 受粉の役割について考え、予想を話し合う　〈15分〉

・これまで学習した植物について振り返り、どれも花粉を有すること、受粉を行うことを確認する。
・実や種子は、どの部分が変化していったものなのかを考えるようにする。
・花が咲き、枯れ、その後実や種子ができるという過程を経る中で、受粉に役割があるのかを問いかけるようにする。

2 仮説を基に実験の計画を立て、セッティングする　〈30分〉

・仮説から確認したい条件と予想される結果を、全体で共有し、条件制御をどのように行うか考える。
・実験に使う花を選択し、条件によってモールの色を変える。翌朝、一方に受粉を行う作業を行った後は、定期的に観察を行い、写真で記録するなど、関心をもたせる。

2 実験

・受粉をさせる・させない　→おしべを取り除く　← 開花前に
・まわりから花粉を付けさせない　→ビニル袋　← 開花前〜花が落ちるまで

3

	実験の準備			様子	実や種子	結果
A	おしべを取る	粉を付ける	花が落ちたら袋を取る		17/18	できる
B	おしべを取る		花が落ちたら袋を取る		0/18	できない

・色が白く、小さい
・くきから落ちていた

考察

・A はほとんどが実まで姿を変えた。
　→できなかった分は、受粉がうまくいっていなかった？
・B は全て実にならず、小さくて色がうすかった。種子もない。

4 結ろん

受粉すると、めしべのもとがふくらんで実や種子ができる。

---

3 実験結果を全体で共有し、考察を行う　〈30分〉

・数日後に写真を使ったり、各班の実験結果を割合で表にまとめたりすることで、より客観的に全体の結果を出す。
・「実ができた・できなかった」の結果だけでなく、実や種子ができなった花の様子を、比較しながら記録する。

4 全体で結論を導き出す　〈15分〉

・受粉後に実や種子が作られていく変化に疑問や興味をもった場合は、教師側からは簡易的な説明で留め、自由研究など自発的に調べていくよう促す。

第㉑時

植物と動物の子孫の残し方を比較し、生命のつながりについてまとめる

（本時のねらい）
・植物と動物の成長過程を振り返り、比較することを通して、生命のつながりについて考え、表現することができる。

（本時の評価）
・植物の子孫の残し方について進んで関わり、粘り強く、友達と交流しながら問題解決しようとしている。態①

（準備するもの）
・植物の成長過程の写真
・動物の成長過程の写真

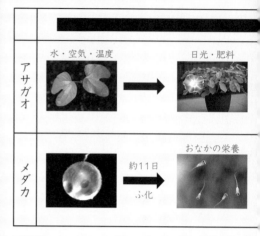

問題

動物と植物はどのように子孫を残して

アサガオ	水・空気・温度	日光・肥料
メダカ	約11日 ふ化	おなかの栄養

考察

4 アサガオのめしべやおしべのはたらきは、メダカ
→ 受粉や受精の後に、新しい生命ができている

（授業の流れ）▷▷▷

1 アサガオの成長過程を、順番に並べることを通して振り返る 〈10分〉

・種子を時系列の最後尾に固定し、時間を遡るように、アサガオの各成長過程の写真を並べる。どの段階を固定するかは、子供の理解度などを考慮し、弾力的に設定する。
・花粉と雌しべの写真は、ほぼ同じくらいであれば十分とする。

2 メダカの成長過程を、順番に並べることを通して振り返る 〈10分〉

・受精卵を時系列の最後尾に固定し、時間を遡るように、メダカの各成長過程の写真を並べる。どの段階を固定するかは、子供の理解度などを考慮し、弾力的に設定する。
・雌雄の写真は、ほぼ同位にあれば十分とする。稚魚からの矢印は、雌雄の一方のみでも十分とする。

いるのだろうか。

時間の流れ

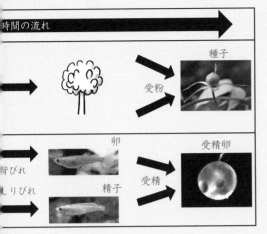

種子
受粉

卵
背びれ
しりびれ
精子
受精

受精卵

オスとメスに似ている。

① アサガオの成長の様子を、順にならべよう。

② メダカの成長の様子を、順にならべよう。

③ 学習した言葉や意味を書き加えよう。

結ろん 4

動物も植物も、受精や受粉などを行って、
次の世代へと生命をつなげている。

・これまで何世代ぐらい続いているのだろう。
・小さくても、すごい仕組みをもっているな。

3 アサガオ、メダカそれぞれの成長
過程から共通点を探る 〈15分〉

・それまでに学習した用語や、必要な環境要因
について、端的に書き込む。
・はじめは一人一人で行った後、ペアや班で確
認・補完し合う。その活動を通して、植物と
動物の成長過程について、共通点を見いだ
す。

4 考察、結論を導きだしながら、
命のつながりについて考える 〈10分〉

・長く続いてきた生命のつながりに興味・関心
や畏敬の念、今後もあらゆる生命に対して大
切にしようとする意識をもつ。
・今単元で、予想や仮説を基にした条件制御
や、結果を比較するといった問題解決の力が
付いたことを確認する。

5 動物の誕生 B(2) 13時間扱い

単元の目標

　魚を育てたり人の発生についての資料を活用したりする中で、卵や胎児の様子に着目して、時間の経過と関係付けて、動物の発生や成長を調べる活動を通して、それらについての理解を図り、観察、実験などに関する技能を身に付けるとともに、主に予想や仮説を基に、解決の方法を発想する力や生命を尊重する態度、主体的に問題解決しようとする態度を育成する。

評価規準

知識・技能	思考・判断・表現	主体的に学習に取り組む態度
①魚には雌雄があり、生まれた卵は日がたつにつれて中の様子が変化してかえることを理解している。 ②人は、母体内で成長して生まれることを理解している。 ③動物の発生や成長について、観察、実験などの目的に応じて、器具や機器などを選択し、正しく扱いながら調べ、それらの過程や得られた結果を適切に記録している。	①動物の発生や成長について、予想や仮説を基に、解決の方法を発想し、表現するなどして問題解決している。 ②動物の発生や成長について、観察、実験などを行い、得られた結果を基に考察し、表現するなどして問題解決している。	①動物の発生や成長についての事物・現象に進んで関わり、粘り強く、他者と関わりながら問題解決しようとしている。 ②動物の発生や成長について学んだことを学習や生活に生かそうとしている。

単元の概要

　本単元は、大きく2つの次に分かれており、第1次では、「魚には雌雄があり、生まれた卵は日がたつにつれて中の様子が変化してかえること」、第2次では「人は、母体内で成長して生まれること」について学習する。第1次では魚の誕生、第2次では人の誕生を調べるため、魚と人の誕生を時間の視点で観察したり、調べたりしたことを比較しながら生命尊重、主体的に問題解決しようとする態度を育てる。

⑴本単元で働かせる「見方・考え方」

　魚の卵や人の母体内での成長を観察したり調査したりする活動を通して「魚も人も時間の経過とともに変化・成長していく」といった視点（共通性）や、「魚と人では違った生まれ方をしている」といった視点（多様性）など、「共通性・多様性」の視点を働かせて動物の誕生の様子を捉えるようにする。その際、魚の卵と人の母体内の成長から生命の連続性を意識するため、「関係付け」という考え方を働かせて、動物の誕生全体をまとめるようにする。また、観察・調査の際には、話し合いを行い、共通点や相違点を意識して自分の考えを深めていく。

⑵本単元における「主体的・対話的で深い学び」

　魚を育てたり、人の母体内での成長を調査したりすることは、個人での活動が中心となり、個人で考える機会が多く、調査が難航する児童も見られる。また、第5学年で重視する主に「解決の方法を発想する力」の育成のために、一人に二匹のメダカを飼育することで自分のメダカであることを意識してじっくり観察を行ったり、生まれる直前の胎児の様子を描いた図を友達と比較し相違点や共通点を見つけたりすることで、自ら問題を見いだして問題解決をする場を設定する。

指導計画（全13時間）　詳細の指導計画は 🔅 05–01参照

次	時	主な学習活動	評価
1	1	○メダカの生息する環境を調べ、メダカの雌雄の見分け方を知る。	知①
	2	○メダカを飼育して卵を産ませる準備をし、観察方法を考える。	(思①)
	3	**観察1** メダカの卵を観察する。	思①
	4・5	**観察2** メダカの卵の中の変化を観察し記録する。	知③
		観察3 数日後のメダカの卵の中の変化を観察し記録する。	
	6	**観察4** 生まれたばかりの子メダカを観察し記録する。	知①
	7	○メダカの卵はどのように育つかについて、観察結果から考え、発表する。	思②・態①
2	8	○生まれる直前の胎児の様子を想像して図に表し、相違点や共通点を話し合い問題をつかむ。	(思①)
	9	○人の母体内での子供の成長の様子を予想し、調べる方法を考える。	(思①)
	10・11	**調査1・2**	知③
		調査する視点を決め、資料を基に調査する。	
	12・13	○調査したことをポスターに整理する。	知②・態②
		○人の母体内の変化についてポスターセッションを行い、まとめをする。	

第①時

メダカの卵と親メダカを観察し、メダカの卵はどうやってできたか考える

本時のねらい
・メダカの卵やメダカの雌雄を観察し、メダカの誕生の見通しをもつことができる。

本時の評価
・メダカには雌雄があることを理解している。知①

準備するもの
・メダカ雄4匹・雌4匹以上（できればグループに2匹ずつ）
・卵をつけた雌のメダカ（可能なら）
・水草についたメダカの卵　　・虫眼鏡
・観察用ケース（チャック付袋、ペトリ皿）
・観察カード

問題 1

メダカはどうやって誕生するのだろうか。

予想

・雄と雌がいるとできるかも。
・雄と雌にちがいがあるのかな。
・水草が必要かもしれない。

2

メダカの観察

注意

・虫眼鏡では、絶対に太陽を見ない。

授業の流れ ▷▷▷

1 問題を知り、予想を話し合う　〈10分〉

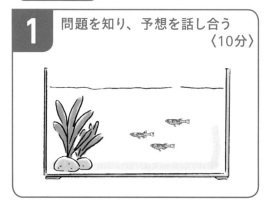

・メダカの水槽、メダカの卵を見せ、どのように飼育すれば卵が生まれるか考えるようにする。
・雄と雌が必要なことを知り、雄と雌が見分けられるようにしたいという子供の主体的な活動につなげる。

2 メダカを観察する　〈10分〉

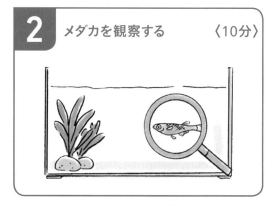

・メダカを一つの班に一匹配付する。
・チャック付きの袋でもよいが、メダカが弱ってしまう。細い観察用水槽だと、観察後も元気に泳ぎ続ける。
・虫眼鏡で観察を行い、今後卵の観察では、もっと詳しく見たいという子供たちからの主体的な学びになるように、ここでは解剖顕微鏡等を提示しない。

3

メス

オス

	メス	オス
せびれ	切れこみがない	切れこみがある
しりびれ	後ろが短い	平行四辺形
はら	ふくれている・丸い	丸くない

・めすが卵をつけている。

雄と雌を 一緒に育てる	卵を うませたい
卵を 観察したい	もっと詳しく 観察したい

卵を産ませて観察しよう

1. 育て方を調べて準備する
2. 観察の仕方を考える
3. 卵を観察する

---

3 気付いたこと、気になることを
話し合い、まとめる 〈20分〉

「自分たちの班のメダカは卵を産みそうです
か」

・他の班の観察結果と異なることから、他の班
とメダカを見合い、自分たちの班との違いを
比べる。

・違いが分かりやすいように、メダカの雄雌の
図を掲示する前に、子供の観察カードを掲示
する。

4 問題を見いだし、
学習の見通しをもつ 〈5分〉

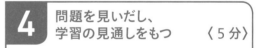

・卵が生まれるには何を準備すればよいか、今
後の学習の見通しを書く。

・個々の考えを発表し合って、全体で共有す
る。

第 ② 時

メダカが卵を産むための環境を考える

本時のねらい

・メダカの誕生を調べるために、メダカのすむ環境や飼い方を調べ、メダカを飼う準備をすることができる。

本時の評価

・メダカの飼育方法を調べ、卵を産む環境を予想し、飼育の準備をしている。（思①）

準備するもの

・タブレット型端末　　・図鑑
・ペットボトル
　（2Lの角ばったものを横にして使う）
・水草　　　　　　　　・小石
・ビオトープ
　（メダカが飼育されているとよい）

> **1** 問題
>
> メダカが卵を産むためには、どんなかん境にすればよいのだろうか。
>
> **2**
>
> おすとめすのメダカが必要
> ①メダカはどんな場所にすんでいる？
> ・明るい場所
> ・水草があるところ
> ・小石があるところ
> ・水がきれいなところ
> ・水の流れが少なく浅いところ
> ・なわばりがある

授業の流れ ▷▷▷

1 問題を共有し、必要な情報を
　　出し合う　　　　　　　〈5分〉

「メダカが卵を産むためにはどんな環境にすればよいでしょうか」

・メダカの水槽を見せ、飼育するために必要な情報を考えるようにする。

・グループ（3・4人）で飼育していくことを伝える。

2 自分が決めた方法でメダカの飼育
　　に必要な情報を調べる　〈15分〉

・校内のビオトープにメダカがいる場合は、その環境を観察して調べるが、ビオトープがない場合は図鑑やタブレット型端末を用いて必要な情報を調べるようにする。

・項目を絞って調べるようにし、分かったことはノートに記入する。

3

②メダカの餌はなに？
・メダカ用のフード
・5分で食べ終える量
・1日に2・3回

③メダカの飼い方は？
・置き場所…直射日光が当たらない
　　　　　　明るい場所
・水の温度…20〜25℃
・水の管理…一週間に一度水かえ
　　　　　　くみ置きの水を使う
　　　　　　1/3の水をかえる

4 育てる準備をしよう！

3 調べてわかったことを発表し合う
〈10分〉

・多様な観点で調べたことを発表し、項目ごとに整理する。
・水草を一緒に入れる。

4 飼育方法を振り返り、
飼育の準備をする　〈15分〉

・メダカが入ったビニル袋ごと水に浮かべ、水温を同じにしてから入れるようにする。
「いつ、誰が世話をするとよいですか」
・理科の時間以外でも飼育・観察するよう計画を立てる。
・水かえや餌やりの当番を決める。

第③時

メダカの卵を観察し、どのように変化するか予想して、学習の見通しをもつ

本時のねらい
・卵の観察の仕方を考え、産まれたばかりの卵を観察して計画的に調べることができる。

本時の評価
・メダカの卵がどのように成長していくかという予想を基に、解決の方法を発想し、表現している。思①

準備するもの
・産まれたばかりのメダカの卵
・ペトリ皿（チャック付袋）
・虫眼鏡
・双眼実体顕微鏡か解剖顕微鏡
・ワークシート 💿 05-02

問題

メダカの卵はどのように成長していくのだろうか。

〈この後は、どうなっていくのだろう〉

卵が大きくなるのかも。
体ができてくる。
チョウのように時間がかかるかも。

2日おきに卵の観察をしよう
（大きさ・中の様子・日にち）

授業の流れ ▷▷▷

1 問題を確認し解剖顕微鏡または双眼実体顕微鏡の使い方を知る 〈10分〉

・ペットボトル水槽の中では卵を観察しづらいことから、別の容器に移す必要があることに気付くようにする。
・最初は虫眼鏡で観察をするが、観察しづらいことから、もっと観察しやすい器具への必要感をもって、顕微鏡の使い方を調べる。

2 産まれたばかりのメダカの卵を観察する 〈10分〉

「産まれたばかりのメダカの卵の中には、どんなものが見えるでしょう」
・産まれたばかりのメダカの卵を観察し、卵を大きく描くように記録する。
「卵の中の他に、何を記録するとよいでしょう」
・観察日や大きさを記録することに着目させ、「時間的」「実体的」な見方につなげる。

そう眼実体けんび鏡の使い方

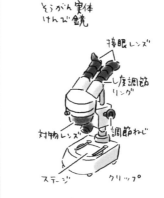

1. ステージにのせる。
2. 接眼レンズの幅を目のはばに合わせる。
3. 右目でのぞき、調節ねじを回してピントを合わせる。
4. 左目でのぞき、し度調節リングを回して合わせる。

〈気付いたこと〉
・丸い粒がたくさんある。
・小さいメダカはいない。
・周りに細い毛がある。
・とう明。
・思ったより固い。

---

3 観察の結果を発表し合う 〈10分〉

・ワークシートに気付いたことを記入し、発表する。
・ノートではなく、カードまたはワークシートの形にすると、まとめの際に黒板に掲示して比較しやすくなる。

4 結果から、今後の卵の中を予想し、観察方法を構想する 〈15分〉

「この後、卵の中はどうなっていくのでしょう」
・卵の中の変化を予想し、その予想を確かめるための観察計画を構想する。
・理科の時間以外に毎日観察できるような方法を検討する。
　例）観察コーナーを設ける
　　　毎日1時間目に15分観察する

第④／⑤時

卵の中の変化を観察し、記録する

本時のねらい
・卵の中の変化を双眼実体顕微鏡を用いて、継続して計画的に記録することができる。

本時の評価
・卵の観察において、双眼実体顕微鏡などの適した機器を選択し、正しく扱いながら、得られた結果を適切に記録している。知③

準備するもの
・双眼実体顕微鏡か解剖顕微鏡
・ペトリ皿
・スポイト
・ビーカー
・ワークシート 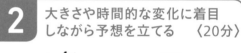 05-02

ワークシート 05-02

単元名 動物の誕生	年　組　名前
☺学習問題 メダカの卵の観察	月　日

3

けんび鏡　　倍

気付いたこと

授業の流れ ▷▷▷

1 前時の学習を振り返り、問題を見いだす 〈10分〉

・前時で観察したワークシートを黒板に貼る。
「卵の中はこれからどのように変わっていくのだろうか」

2 大きさや時間的な変化に着目しながら予想を立てる 〈20分〉

・詳しく観察したい視点を明確にもつ。
・「共通性・多様性」の視点を生かして、根拠のある予想や仮説を発想する。
・卵の変化の過程と時間経過を関連させて考えるようにする。
・毎日15分ずつなど、時間を分けて継続的に観察することにしてもよい。

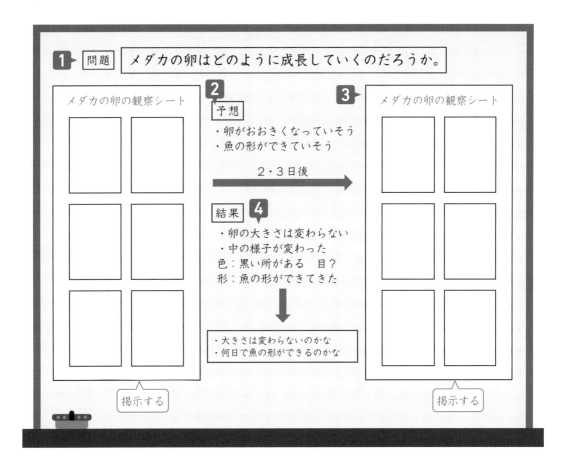

1 問題 メダカの卵はどのように成長していくのだろうか。

メダカの卵の観察シート

2 予想
・卵がおおきくなっていそう
・魚の形ができていそう

2・3日後 →

3 メダカの卵の観察シート

結果 **4**
・卵の大きさは変わらない
・中の様子が変わった
色：黒い所がある　目？
形：魚の形ができてきた

↓

・大きさは変わらないのかな
・何日で魚の形ができるのかな

掲示する

掲示する

3 着目するポイントを意識して
メダカの卵を観察する　〈40分〉

・双眼実体顕微鏡を正しく扱い、適切に記録する。顕微鏡のライトを消しても観察することができ、その際は色が実際の色で観察できることを伝える。
・着目したポイントの観察は、気付いたことを記録するように伝える。
・ペトリ皿の水が減っている場合は、水道水をスポイトで入れるように伝える。

4 観察した結果を話し合い、メダカの卵の成長をまとめる　〈20分〉

卵の形ができてきた

卵の大きさは変わらなかった

・結果を発表し合う。
・全体で話し合い、結論を導き出す。
・本時の振り返りをする。

第⑥時

卵からかえった直後のメダカを観察し、記録する

(本時のねらい)
・卵からかえった直後のメダカの稚魚の様子から、卵の中にはメダカが育つための養分が含まれていることを捉えることができる。

(本時の評価)
・卵は日がたつにつれて中の様子が変化してかえることを理解している。知①

(準備するもの)
・かえったばかりのメダカの稚魚
・ペトリ皿（チャック付袋）
・スポイト
・双眼実体顕微鏡か解剖顕微鏡
・観察カード

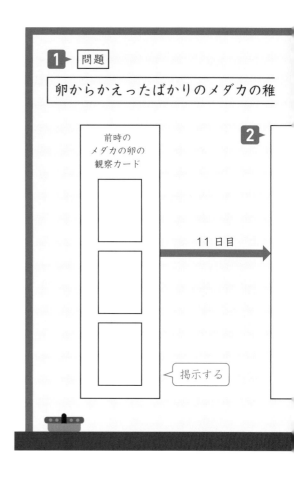

(授業の流れ) ▷▷▷

1 前時の学習を振り返り 問題を見いだす　〈5分〉

「メダカの形ができてきた卵はどうなっているでしょう」
・前時のワークシートから、メダカの卵の様子を予想する。

2 卵からかえったばかりのメダカを 観察する　〈20分〉

「卵からかえったばかりのメダカの稚魚は、どんな様子でしょうか」
・かえったばかりのメダカの稚魚を観察し、記録する。
・稚魚は動き回るため、チャック付袋に水を入れて、口を大きく切ったスポイトで稚魚をすいとる支援を行う。
・描き終わったら、黒板に観察シートを貼る。

魚はどのような様子だろうか。

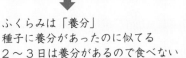

〈シートを選んだ理由〉
・目が大きい

・心臓がある

4 ・おなかがふくらんでいる

↓

ふくらみは「養分」
種子に養分があったのに似てる
2〜3日は養分があるので食べない

子供のかいたスケッチを
掲示する

---

3 観察の結果を発表し合い、共通点や相違点を出し合う 〈10分〉

ひれがある

おなかが膨らんでいたから本物に近い

「自分のシートと比べて、本物に近いのはどのシートか探してみましょう」
・自分の記録と比較し、より妥当な記録を探す。
「なぜ、そのシートを選んだのか理由を発表しましょう」
・選んだ根拠とともに、より詳しくメダカの稚魚を知る。

---

4 メダカの稚魚の様子や卵の中の養分について考えをまとめる 〈10分〉

「おなかのふくらみは何でしょう」
・教師の演示で餌を与えてみても食べないことから、ふくろの中が養分であることに気付くようにする。
・植物の種子との共通性を考えるようにする。
・考えをまとめ、書く。
・考えを話し合い、結論を導き出す。

第⑦時

自分の好きな方法でメダカの卵の成長をまとめる

（本時のねらい）
・卵の観察を通して学んだことを、自分の予想と照らし合わせて考察することができる。

（本時の評価）
・メダカの成長の様子を観察し、得られた結果を基に考察し、表現している。思②
・メダカの卵の変化について粘り強く観察してきたことを基に、友達と交流しながらまとめようとしている。態①

（準備するもの）
・Ａ４の白い紙
・これまでの観察カード
・色鉛筆
・付箋

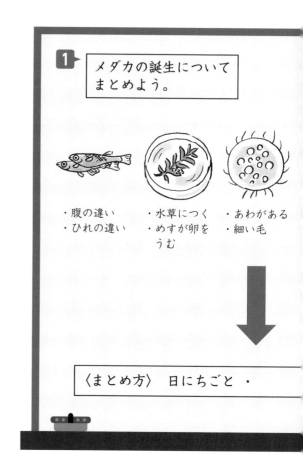

（授業の流れ） ▷▷▷

1 成長記録を整理し、まとめ方を考える 〈7分〉

・自由にまとめてよいことを伝える。
・観察内容を整理し、必要な情報を確認する。
「観察してきたメダカの成長を、自分の方法でまとめましょう」

2 まとめシートに記入する 〈23分〉

・時間の経過とともに変化してきたことを関連させてまとめるようにする。
「時間が経つと、卵の中はどうなっていったかな」
・シートは手元に置き、いつでも振り返ることができるようにする。

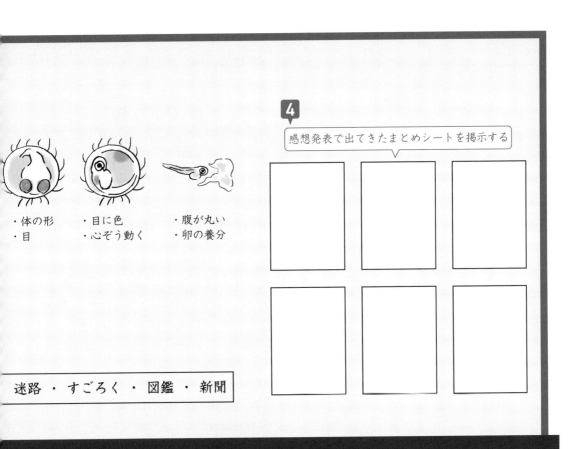

4

感想発表で出てきたまとめシートを掲示する

・体の形　　・目に色　　　・腹が丸い
・目　　　　・心ぞう動く　・卵の養分

迷路 ・ すごろく ・ 図鑑 ・ 新聞

3 それぞれのまとめた作品を
見合う　　　　　　　〈10分〉

・互いの完成したシートを見合う。
・見終わったら、付箋に感想を書き、友達の机
　に貼る。

4 魚の誕生を振り返る　　〈5分〉

・友達のまとめについて、感想を発表し合う。
・紅い袋が目立ち分かりやすいサケや他の魚の
　卵の成長を紹介し、メダカだけではなく、魚
　の成長として捉えられるようにする。
・単元の振り返りを書く。

第⑧時

産まれる直前の胎児の様子を想像し、問題をつかむ

（本時のねらい）
・産まれる直前の胎児の想像図を比較して、各々の違いを基に、問題を見いだすことができる。

（本時の評価）
・人の母体内での成長について予想し、問題を見いだしている。（思①）

（準備するもの）
・A４の白い紙
　（36週の母親のお腹の大きさと近い）
・セロハンテープ

授業の流れ ▷▷▷

1　問題を知り、予想を話し合う　〈10分〉

・前時までに学習したメダカの成長を想起して考えるようにする。

2　臨月のお腹の中を想像して描く　〈10分〉

「産まれる直前のお母さんのお腹の中を想像して描きましょう」

・学習前の予想は情報が少ないため、時間は長く取らず、事前に10分間で描いたところまでと伝える。

・A４の紙が産まれる直前のお腹の大きさと近いことを伝える。

「描き終えたら黒板に貼りましょう」

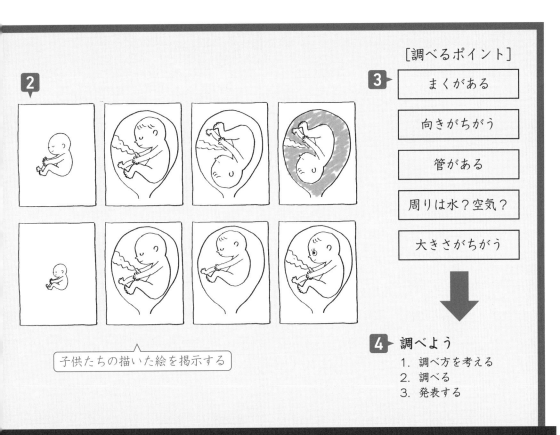

[調べるポイント]

3
- まくがある
- 向きがちがう
- 管がある
- 周りは水？空気？
- 大きさがちがう

↓

4 調べよう
1. 調べ方を考える
2. 調べる
3. 発表する

子供たちの描いた絵を掲示する

---

3 共通点や相違点を中心に話し合い、調べるポイントを見いだす 〈20分〉

「みんなの描いたシートを比べて、似ているものをグループにしましょう」

・共通点と相違点を見やすくするため、みんなでシートを動かし合い、グループに分ける。

「似ているところや違うところを発表しましょう」

・共通点や相違点を出し合い、問題を見いだせるようにする。

4 問題を見いだし、学習の見通しをもつ 〈5分〉

どうやって大きくなるのかな

どうやって調べればいいかな

・調べたい視点を整理して板書する。

・それに基づき、自分の考えをノートに書くようにする。

第⑨時

人の母体内での成長を調べる方法やまとめ方を考え、計画する

本時のねらい
・人の母体内の成長について調べる計画を立てることができる。

本時の評価
・人の母体内での成長について調べる方法やまとめ方を考え、計画したことを表現している。（思①）

準備するもの
・メダカの観察の記録
・針で穴をあけた黒い紙（卵の大きさ）

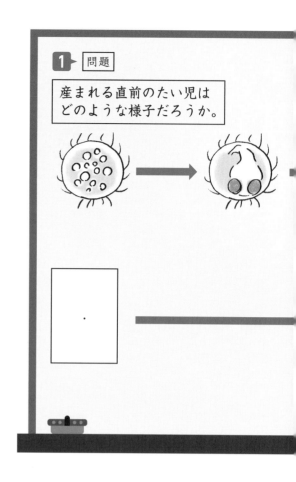

1 問題

産まれる直前のたい児はどのような様子だろうか。

授業の流れ ▷▷▷

1 メダカと比較しながら、人の成長で調べたいことを確認し、問題を知る〈15分〉

「メダカの卵の大きさはどれくらいだったでしょう。人の卵の大きさはどうでしょうか」
・人の卵の大きさを示した黒い紙で、メダカの卵の大きさと比較する。
・メダカの卵の成長過程を振り返り、前時の問題点から、自分の調べたいことを確認し、ノートに記入する。

2 調べる方法を考え、話し合う〈10分〉

「自分の問題を、どのような方法で解決できるでしょうか」
・インターネット、図書資料の他に、インタビューとして家族や養護教諭へお願いをする。
・全体で、調べる方法を発表し合い、一つ絞らず、いくつかの方法で調べよいことを伝える。

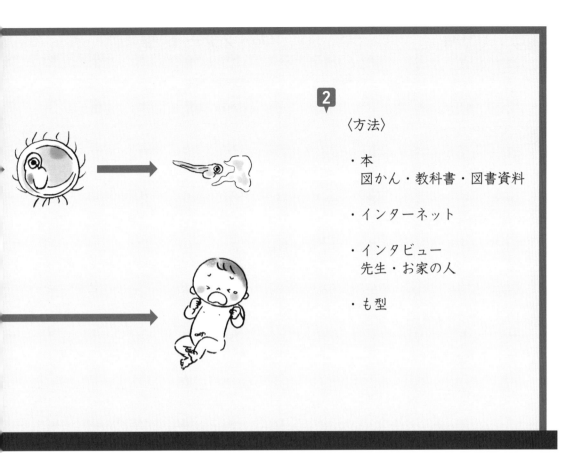

2 〈方法〉

・本
　図かん・教科書・図書資料

・インターネット

・インタビュー
　先生・お家の人

・も型

3 調べることが同じ人とグループを組み、まとめ方を話し合う　〈15分〉

「調べることが同じ人とグループになり、協力して調べましょう」
・グループを作る際は、人数が多いグループは4・5人になるように分ける。
「グループでまとめ方を話し合いましょう」

4 グループごとに決まったことを発表し合う　〈5分〉

・調べたいこと、グループメンバー、調べる方法をノートに記入する。
・各々の調べる方法をグループで確認し、全体で発表し合う。

第⑩／⑪時

人の母体内での子供の成長を、資料を用いて調べる

本時のねらい
・人の母体内での変化を資料を用いて、記録することができる。

本時の評価
・人の母体内の成長の調査において、資料や模型を選択し、正しく扱いながら調べ、結果を適切に記録している。知③

準備するもの
・標本
・図鑑　　　　　・図書資料
・タブレット型端末
・ワークシート 05-03
・ビニル袋　　　・ビニル人形

単元名 **動物の誕生**　　年　組　名前　　　月　日
☺学習問題
人の成長の調査

気付いたこと

授業の流れ ▷▷▷

1 前時の学習を振り返り、問題を見いだす　〈10分〉

・受精してから4週目の子宮のシートを黒板に貼る。
「子宮の中はこれからどのように変わっていくのだろうか」

2 大きさや時間的な変化に着目しながら予想を立てる　〈10分〉

・詳しく観察したい視点を明確にもつ。
・「共通性・多様性」の見方や「関係付け」といった考え方を働かせて、根拠のある予想や仮説を発想する。
・成長の過程と時間経過を関連させ、魚の成長と比較しながら考えるようにする。

1 問題

人は母親の子宮の中でどのように成長していくのだろうか。

掲示する

わかっていること

・卵はすごく小さい。
・人は母親の子宮で育つ。

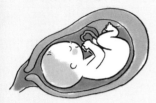

予想

・魚と同じように大きくなりそう。
・魚より時間がかかりそう。
・目や手足ができていく。

人の成長の調査シート

ぎもん

・どのように成長するか。
・養分はどうしているのか。
・向きは？

わかったこと

・卵の大きさは変わらない。

・中の様子が変わった
　色：黒い所がある　目？
　形：人の形ができてきた

---

3 着目するポイントに合う資料を選択して調査し記録する　〈50分〉

・図書資料やインターネットでの調査は、引用先も記録するように伝える。
・養護教諭に協力してもらい、保健資料の胎児の重さを示した標本を借りる。
・ビニル袋に人形等を入れ、子宮の中の胎児モデルを作り、羊水の代わりに水を入れた場合と空気だけの場合を実験で比較し、視覚化する。

4 調査した結果をグループでまとめ、全体で話し合う〈20分〉

・結果をグループでまとめる。
・全体で話し合い、結論を導き出す。
・本時の振り返りをする。

第⑫／⑬時

人の母体内の様子をグループでまとめ、ポスターセッションをする

（本時のねらい）
・人の誕生の調査を通して学んだことを自分の発想を基に、グループでまとめることができる。

（本時の評価）
・人は、母体内で成長して生まれることを理解している。知②
・動物の発生や成長について学んだことを学習や生活に生かそうとしている。態②

（準備するもの）
・模造紙
・タブレット型端末
・実物投影機
・これまでの観察カード

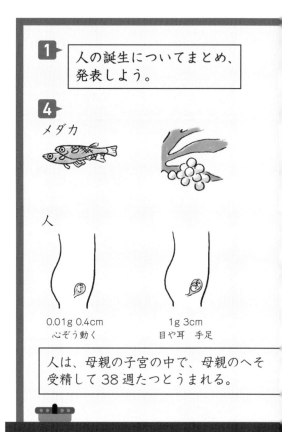

（授業の流れ）▷▷▷

1　メダカの成長記録を整理し、比較しながらまとめる準備をする　〈7分〉

・メダカの誕生を振り返る。
・メダカと自分の成長を比較しながらまとめてよいことを伝える。
「調査してきた人の誕生を、グループで決めた方法でまとめましょう」
・体重の変化をグラフでまとめる方法もあることを伝える。

2　ポスターセッションの準備をする　〈38分〉

・メダカの誕生を想起し、時間の経過とともに変化していることを関連させてまとめるようにする。
「時間が経つと、子宮の中はどうなっていったかな」
・シートは手元に置き、いつでも振り返ることができるようにする。

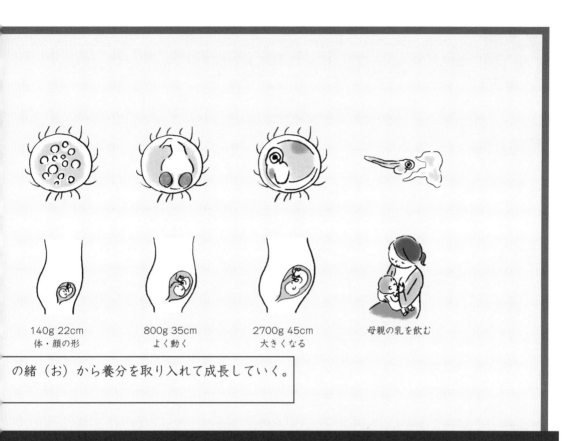

140g 22cm
体・顔の形

800g 35cm
よく動く

2700g 45cm
大きくなる

母親の乳を飲む

の緒（お）から養分を取り入れて成長していく。

3 ポスターセッションを行う 〈30分〉

・グループを半分に分け、前半後半でポスターを見て回る・ポスター発表をするように分かれ、互いの完成したシートを見合う。
・見終わったら、付箋に感想を書き、発表者に渡し、発表者は自分のノートに貼る。

4 魚の誕生と人の誕生を比較し振り返る 〈15分〉

・魚の誕生と人の誕生の違いや共通点について話し合い、まとめる。
・動物の誕生や成長の様子について学んだことを振り返る。

6 流れる水の働きと土地の変化　B (3)　14時間扱い

　流れる水の速さや量に着目して、それらの条件を制御しながら、流れる水の働きと土地の変化を調べる活動を通して、それらについての理解を図り、観察、実験などに関する技能を身に付けるとともに、主に予想や仮説を基に、解決の方法を発想する力や主体的に問題解決しようとする態度を育成する。

評価規準

知識・技能	思考・判断・表現	主体的に学習に取り組む態度
①流れる水には、土地を侵食したり、石や土などを運搬したり堆積させたりする働きがあることを理解している。 ②川の上流と下流によって、川原の石の大きさや形に違いがあることを理解している。 ③雨の降り方によって、流れる水の量や速さは変わり、増水により土地の様子が大きく変化する場合があることを理解している。 ④流れる水の働きと土地の変化について、観察、実験などの目的に応じて、器具や機器などを選択し、正しく扱いながら調べ、それらの過程や得られた結果を適切に記録している。	①流れる水の働きと土地の変化について、予想や仮説を基に、解決の方法を発想し、表現するなどして問題解決している。 ②流れる水の働きと土地の変化について、観察、実験などを行い、得られた結果を基に考察し、表現するなどして問題解決している。	①流れる水の働きと土地の変化についての事物・現象に進んで関わり、粘り強く、他者と関わりながら問題解決しようとしている。 ②流れる水の働きと土地の変化について学んだことを学習や生活に生かそうとしている。

単元の概要

　本単元は、大きく4つの次に分かれており、第1次では、「川の上流と下流によって、川原の石の大きさや形に違いがあること」、第2次では、「流れる水には、土地を侵食したり、石や土などを運搬したり、堆積させたりする働きがあること」、第3次では、雨の降り方によって、流れる水の速さや量は変わり、増水により土地の様子が大きく変化する場合があることを学習する。第1次では、同じ川でも場所によって様子が違うことについてインターネットなどを活用して調べる。第2次では、第1次で学んだことが流れる水の働きによって起きていることについて、第3次では、流れる水の量が変化した場合の水の働きについて調べる。流れる水の働きについて調べる際は、モデル実験装置を使って行うが、実際の川を想定しているものであることを常に意識できるようにする。また、第4次では、増水による自然災害について扱い、災害を防ぐための工夫や自分たちにできることについて考え、生活とのかかわりを実感できる時間を設定する。

⑴本単元で働かせる「見方・考え方」

　流れる水の働きを調べる際に、実際の川では、水が流れることで、浸食されたり運搬されたり堆積されたりするといった視点（空間的な変化）やこれらの空間的な変化が長い年月をかけて徐々に行われているといった視点（時間的な変化）などの「時間的・空間的」な見方で捉えやすいように工夫する。また、雨量が増えると土地は大きく変化するといった「量的・関係的」な視点で捉えることもできる。このように「時間的・空間的」な視点を働かせ、それを広げながら流れる水の働きによる土地の変化を捉えるようにする。

　その際、流れる水の働きと土地の変化について、第5学年で重視される「条件制御」の考え方を用いて、解決の方法を発想し、問題解決することができるようにする。

⑵本単元における「主体的・対話的で深い学び」

　第5学年では、問題解決の力として、予想や仮説を基に、解決の方法を発想する力の育成を重視している。第2次・第3次では、モデル実験装置を活用し、流れる水の働きについて追究活動を行う場を設定する。実験装置の活用を通して、流れる水の働きについて問題解決が行えるようにする。活動を行う際には、モデル実験装置と実際の川とを常に関係付けて考えられるようにする。

指導計画（全14時間）　詳細の指導計画は 🔘 06-01参照

次	時	主な学習活動	評価
1	1	○川の上流・中流・下流の様子の写真を見て様子の違いに気付く。	(思①)
	2	実験1 川の上流・中流・下流の様子の様子について調べる。	(思①)
	3	○川の上流・中流・下流の様子について調べた結果から考え、まとめる。	知②
2	4	○流れる場所と水の関係について話し合い、流れる水の働きを予想する。	(思①)
	5	○流れる水の働きを調べる方法を考え、実験方法について考える。	(思①)
	6	実験2 斜面に水を流して流れる水の働きについて調べる。	知④
	7	○流れる水の働きについて、実験結果から考えまとめる。	知①
3	8	○増水した川の様子を見て話し合い、水の働きを予想する。	態①
	9	○流れる水の条件によって、水の働きがどのように変わるのか実験方法を考え、見通しをもつ。	思①
	10	実験3 流れる水の量を変えた実験を行い、実験結果からまとめる。	知③・思②
4	11	○川の水が増えるとどのような災害が起きるのか予想する。	(思①)
	12	実験4 災害について調べたことを話し合い、まとめる。	(態②)
	13・14	○学んだことをもとに、川を観察し、流れる水の働きについて調べる。 ○流れる水の働きについてまとめ、自分なりの考えをもつ。	態②

第①時

川の流域の写真を見て、様子の違いに気付く

（本時のねらい）

・流れる場所によって川の様子が違うことに気付き、問題意識を見いだすことができる。

（本時の評価）

・川や地形の違いについて気付いたことから、問題を見いだしている。（思①）

（準備するもの）

・身近な川のおよそ上流・中流・下流の写真
・身近な地域以外の川のおよそ上流・中流・下流の様子や流域全体が分かる写真や動画、地図など

（授業の流れ）▷▷▷

1 地域の川の写真を見比べて話し合う 〈10分〉

・地域を流れる川の画像資料を用意し、提示する。
・同じ川なのに、様子が違うことに気付くことができるようにする。
・どのあたりを流れている川なのかについて考えられるようにする。

2 それぞれの写真が川のどの部分なのかを話し合う 〈10分〉

・川のすべての部分が分かる写真や地図を掲示する。

「先ほどの写真は、どこの部分だと思いますか」

・話し合いを進める中で、「山の中」「平地に出たあたり」「平地」といった用語で場所について説明する。
・上流側、下流側はよいが、上流／中流／下流などの定義は使わないようにする。

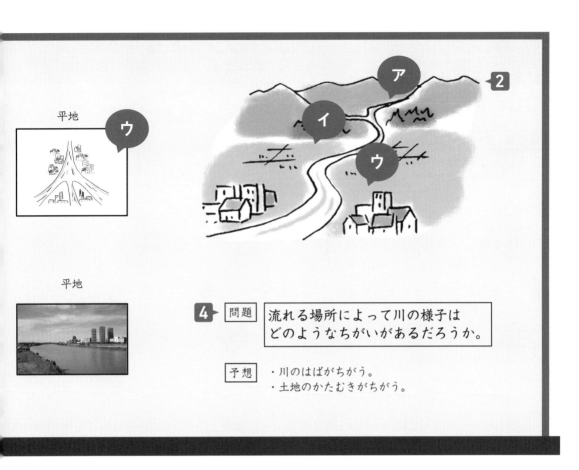

平地

平地

4 問題 流れる場所によって川の様子は
どのようなちがいがあるだろうか。

予想 ・川のはばがちがう。
・土地のかたむきがちがう。

3 他の川の写真を見て話し合う 〈10分〉

・他の川の写真を見て、身近な地域以外の川でも、流れる場所によって様子が違うことに気付くことができるようにする。
「では、この写真は川のどのあたりの写真だと思いますか」
・話し合いを通して上の写真との共通点を見つけながら黒板に掲示する。

4 解決していく問題を見いだし、予想を立てる 〈15分〉

何か決まりがあるのかな

特ちょうを調べてみたいな

・同じ川の写真を見比べたときに、およそ上流・中流・下流の様子には何か特徴がありそうだという視点から、問題を見いだすことができるようにする。
・違いについて考えられるものを出し合う。ここではできるだけ多くの考えが出るようにする。

第②時

流れる場所による違いを予想し、追究活動を行う

(本時のねらい)
・流れる場所による川の様子の違いについて調べる方法を発想し、表現することができる。

(本時の評価)
・流れる場所による川の様子の違いについて予想や仮説を基に、解決の方法を発想して、表現するなどして問題解決している。(思①)

(準備するもの)
・ワークシート ◉06-02
・コンピュータ（タブレット型端末）
・図書室の資料
・およそ上流・中流・下流の石（あれば）
・ものさし　　・ルーペ
・およそ上流・中流・下流の川の様子がわかる写真

ワークシート ◉06-02

(授業の流れ) ▷▷▷

1 問題を確認し、予想を立てる 〈5分〉

・前の時間に見いだした問題を確認し、自分の考えを整理できるようにする。
・どのようなことが違いそうかを考え、ワークシートに「川幅」「石の大きさ」「土地のかたむき」などにまとめられるようにする。
「川幅、石の様子、土地の傾き、などについてどのような違いがあるか、自分の考えを整理しましょう」

2 川の様子についての予想を交流する 〈10分〉

> キャンプに行ったとき、川幅がせまかったよ

・それぞれの観点について自分たちの考えを明らかにする。
・話し合う際は、これまでの生活経験から話すことができるとよい。
・川の幅が広いかせまいかという2択を迫るのではなく、その理由を大切にしながら話し合いを進めるようにする。

1 問題 流れる場所によって川の様子にはどのようなちがいがあるだろうか。

2 予想 流れる場所によって川の様子にはどのようなちがいがあるだろうか。

○川はばについて
　山の方はせまい…川ができたばかり？
　平地は広い………海に流れていくから？
○石の大きさについて
　平地は小さい……大きい石を見たことがない？
○土地のかたむきについて
　山の方は急………山が急だから
　　　　　　　　　水の流れが速いから
　平地はなだらか…近所のてい防沿いはなだらか
　　　　　　　　　急なところもあるのでは？

3 調べ方
○インターネットで調べる
　・たくさんの川の写真を見る
　・川の動画でチェックする
　　Google マップ
　　国土地理院
　　NHK for school
○図書室で調べる
　・川のことについて書いてある本
　・百科事典
○実際の石を見て調べたい

---

3 解決の方法を発想する　〈5分〉

・およそ上流・中流・下流ごとに、調べていくようにするとよい。
・川の様子を調べることができるサイトを予め調べておく。
　　Google マップ
　　国土地理院のホームページ
　　NHK for school など

4 解決に向けて調べ学習を行う　〈25分〉

・発想した解決の方法に基づいてインターネットや図書室を活用して、調べ学習を行う。
・一つの川だけを調べてまとめるのではなく、複数の川を調べ、どの川にでも当てはまることなのか考えられるようにするとよい。
・川原の石を観察するときは、ものさしやルーペを用いると、表面の様子や大きさの違いを具体的に捉えることができる。

第③時

川のおよそ上流・中流・下流による違いをまとめる

(本時のねらい)
・流れる場所による川の様子の違いについて調べたことをまとめることができる。

(本時の評価)
・川の上流側と下流側によって、川原の石の大きさや形に違いがあることを理解している。知②

(準備するもの)
・ワークシート
・コンピュータ（タブレット型端末）
・図書室の資料
・およそ上流・中流・下流の石（あれば）
・およそ上流・中流・下流の川の様子がわかる写真やイラスト、全体がわかる写真やイラスト

1 問題	流れる場所によって 川のちがいがあるだろうか。
	川はば
山の中	せまい。
平地へ流れ出たあたり	山の中よりも広い。
平地	とても広い。川原がある。

2 結ろん
山の中では、川はばはせまく、かたむきが大きい。
平地に進むにつれて、川はばなり、土地のかたむきも小さい

(授業の流れ) ▷▷▷

1 調べたことを基に、川の様子について表にまとめる 〈15分〉

山の方は、川幅がせまかったよ

僕が調べた川でもそうだったよ

・黒板に表を用意し、子供が調べたことを基に記録していく。
「川はば、石の様子、土地のかたむきについて、調べたことを表に整理しましょう」
・意見が一致しない場合は、写真などで確認する。

2 まとめた表と写真を結び付け結論を導出する 〈10分〉

・子供と表にまとめた内容を写真などを見ながら確認する。
「みなさんが調べたことと、確認した映像からどのようなことが言えそうですか」

様子はどのような

石の様子	土地のかたむき
大きな石がある。ごつごつしているものが多い。	かたむきが大きい。がけのようになっているところもある。
山の中よりは小さい。	山の中よりはかたむきが小さい。
丸くて小さい石が多い。	いちばんかたむきが小さい。

大きく角ばった石があり、土地の
が広くなり、小さな丸い石が多く

3　川はば　　石の様子　　土地のかたむき

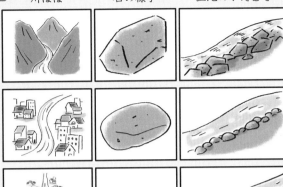

4　気が付いたこと・ぎ問

・平地に進むにつれて、石が小さくなっているのがふしぎだった。
・川はばの広さがちがうのは、どうしてだろう。

3 イラストを使って、川の様子について確認する　〈10分〉

これまで学習したことを振り返ってみましょう

角ばった大きな石があるから…

・全体のイラストと、およそ上流・中流・下流のイラストを用意し、それぞれがどこの部分の様子か理解しているかを確かめる。
「次のイラストは、それぞれどこの部分のイラストでしょう」
・石を提示して確認するのもよい。
「これらの石は、川のどこの部分の石でしょうか」

4 ここまでの学習の感想や疑問をまとめ、次時の学習の見通しをもつ　〈10分〉

違いは分かったけど、どうして上流と下流では、様子がちがうのかな

・学びを振り返る中で、川の様子について気が付いたことや疑問をノートにまとめるようにする。
・下流側に進むにつれて、川幅が広くなったり、石の大きさが小さくなったりすることについて問題意識がもてるようにする。

第④時

流れる場所と水の関係について話し合う

（本時のねらい）
・流れる水にはどのような働きがあるのかという問題を見いだし、追究することができる。

（本時の評価）
・流れる場所と水の関係について、問題を見いだし、予想や仮説を発想している。（思①）

（準備するもの）
・川の流域（およその上流・中流・下流）の様子が分かるイラスト
・校庭の雨上がりのイラスト
・川の様子全体が分かるイラスト

1

山の中　　　　平地に流れ出たあたり

○みんなの疑問から…

・どうして同じ川なのにこんなに様子がちがうのかな。
・川はばが、平地に行くにつれて広がっていたのが不思議だった。
・平地には大きい石があまり見られないのはどうしてだろうか。
・水が流れる速さがちがっていたのが不思議だった。

　　　川の水が関係しているのかな。

（授業の流れ）▷▷▷

1 川の様子についての
疑問について話し合う　〈10分〉

同じ川なのにどうして様子がちがうのかな

石の大きさが違うことが不思議だった

・前時でまとめた子供の疑問について取り上げる。
「前の時間までの学習で、疑問に思ったことを発表してください」
・子供の気付きや疑問を生かしながら、話し合いを進められるようにする。

2 問題を見いだす　〈10分〉

流れている水に、何か働きがありそうですね

・長い時間をかけてその形がつくられているといった時間的・空間的な視点で捉えた発言を生かして、話し合いを進める。
・水が土地の様子を変化させる要因ではないかということを共通認識できるようにする。
・川の水が流れていることから、「流れる水」という言葉に置き換えて考えられるようにする。

平地

2 問題 流れる水には、どのようなはたらきがあるのだろうか。

○4年「雨水のゆくえ」では…
・雨が上がっていた後の校庭に、道ができていた。
・高いところから低いところに流れていった。
・雨水は、土の中にしみこんでいった。

3

予想

4
・地面をけずっていくはたらき
・道を作っていくはたらき
・石を小さくするはたらき
・土を運んでいくはたらき
・川の端に、石を積み重ねるはたらき
・土や砂を低い方へ運ぶはたらき

---

3 流れる水にはどのような働きがあるかを予想する 〈10分〉

雨が上がった後に雨水の通り道ができていたね

・予想を立てる前に、雨水の行方での学習を振り返るようにすると、これまでの学習と関連付けて考えることができる。
・4年「雨水の行方と地面の様子」での学習が想起できるようにする。
「『雨水のゆくえとはたらき』の学習では、どのようなことを学びましたか」

4 流れる水の働きについての予想を交流する 〈15分〉

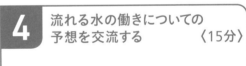

・個々の考えを発表し合う。
・「○○の働き」というように表現することで、この後の話し合いで整理しやすくなる。
・次の時間に予想を整理するので、ここではたくさんの意見を発表できるようにする。

第⑤時

流れる水の働きについて
調べる方法を考える

（本時のねらい）

- 流れる水の働きを調べるために、どのような方法で、解決できるかについて構想することができる。

（本時の評価）

- 流れる水の働きについて予想や仮説を基に、解決の方法を発想して、表現している。（思①）

（準備するもの）

- トレイ（バット、トロ箱、衣装ケース等）
- 洗浄びん（代用は500mLのペットボトル）
- 土に砂を混ぜたもの（土を多めにする）
- トレイを乗せる台（傾きを変えられるように複数）
- ぞうきん

| 問題 1 | 流れる水には、どのようなはたらきがあるのだろうか。 |

予想

- 雨上がりの校庭のように、道をつくるはたらき
- 川の底をほっていくはたらき
- 石を小さくするはたらき

- 土や砂を運んでいくはたらき
- 川の端に、石を積み重ねるはたらき
- 土や砂を低い方へ運ぶはたらき

- 石を別の場所に持っていくはたらき
- 川の横に土を乗せるはたらき
- 高い場所の土を低い場所に積もらせるはたらき

（授業の流れ）▷▷▷

1 前時の予想を類型化する〈10分〉

「道を作る」と「溝が深くなる」は考えが似ているね

けずるはたらきという言葉にまとめられそうだね

- 前時の板書を撮影したものをテレビに映すなどとして、確認するとよい。

「みなさんの考えをまとめると、どのような働きという言葉にまとめられそうですか」

- 前時に出た子供の予想を「土をけずる働き」「土や砂を運ぶ働き」などのように類型化すると、解決の方法が立てやすくなり、見通しをもちやすくなる。

2 モデル実験の方法を考える〈15分〉

小さい川のようなものがあるといいね

何度も調べられる方がいいね

「どのような方法だと、流れる水の働きを確かめられそうですか」

- 流れる前、流している途中、流れた後という「時間的」な見方とその後の土地の様子という「空間的」な見方を働かせた実験であることを意識できるようにする。
- トレイ全体を実際の自然に置き換えて考えられるようにする。

2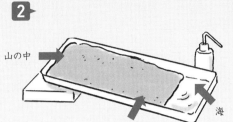

山の中

平地

海

準備するもの
・トレイ
・洗じょうびん
・土に砂を混ぜたもの
　（水にしめらせておく）
・トレイを乗せる台
・ぞうきん

｝ 土をけずるはたらき？

｝ 土を運ぶはたらき？

｝ 土を積もらせるはたらき？

3 実験
・土に砂を混ぜたものをトレイに入れる。
・土にかたむきをつける。
・トレイの下に台を置いてかたむきをつくる。
・洗じょうびんの水の量は 200mL にする。
・水はゆっくり入れる。
・トレイの中の様子を記録する。
・水の働きの様子タブレットでさつえいする。
・終わったら、くり返し実験をして確かめる。

---

3 実験の手順について考える　〈15分〉

・手順を明らかにして、実験のイメージを明確
　にする。
・屋外で山を作って、じょうろなどで水を流
　し、流れる水の働きを調べてもよい。

4 実験の準備を行う　〈5分〉

・理科室の洗浄びんやトレイの場所を確認し、
　自分たちで用意できるようにする。
・トロ箱や衣装ケース等、トレイよりも大きめ
　の実験器具を用意すると、様子が分かりやす
　い。

第 ⑥ 時

斜面に水を流して、流れる水の働きについて調べる

本時のねらい
・斜面に水を流し、流れる水にはどのような働きがあるのかを調べることができる。

本時の評価
・流れる水の働きを調べるために、器具や機器などを選択して、正しく扱いながら調べ、それらの過程や得られた結果を適切に記録している。知④

準備するもの
・トレイ
・洗浄びん（第5時参照）
・土に砂を混ぜたもの
・トレイを乗せる台　　・バケツ
・ぞうきん
・タブレット型端末かデジタルカメラ
・ワークシート 🔗 06-03

ワークシート 🔗 06-03

単元名　流れる水の働きと土地の変化	年　　組　　名前

月　　日

☺ 学習問題
3 トレイに水を流した後の様子を記録しましょう。

考察

授業の流れ ▷▷▷

1 実験の確認をし、流れる水の働きについて結果の見通しをもつ 〈10分〉

> 多くの土がトレイの下に流れていくはずだ

> 水を流した後に道ができると思うな

「みなさんの予想が正しければ、トレイの中の様子はどうなりますか」
・実験のねらいを確認する。ここでは、トレイの斜面が山を想定しており、洗浄びんで流す水が、流れている川である。
・流れる水の様子を様々な角度から確認するために、役割を交代しながら実験を行うとよい。

2 トレイに水を流して、自分たちの予想を確かめる実験を行う 〈15分〉

・繰り返し実験を行い、気が付いたことをワークシートに記録できるようにする。
・ワークシートのイラストをかくところは、文字を使った説明を入れるようにするとその後の考察が深まることを伝える。
・実験の様子をタブレット型端末で撮影し、後で再生して、事実を確認するとよい。

斜面に水を流して、流れる水の働きについて調べる

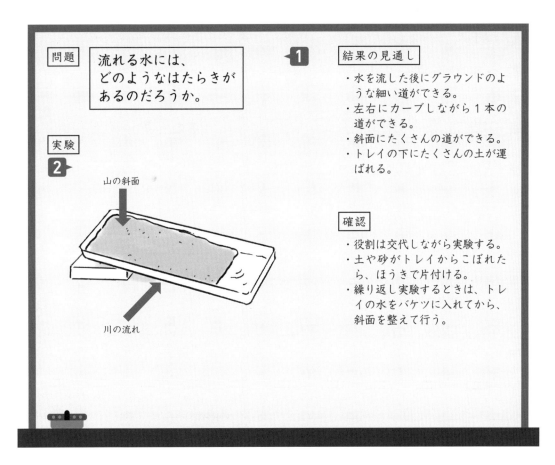

問題

流れる水には、どのようなはたらきがあるのだろうか。

1

結果の見通し

・水を流した後にグラウンドのような細い道ができる。
・左右にカーブしながら1本の道ができる。
・斜面にたくさんの道ができる。
・トレイの下にたくさんの土が運ばれる。

実験

2

山の斜面

川の流れ

確認

・役割は交代しながら実験する。
・土や砂がトレイからこぼれたら、ほうきで片付ける。
・繰り返し実験するときは、トレイの水をバケツに入れてから、斜面を整えて行う。

---

3 実験の結果を
ワークシートにまとめる 〈10分〉

タブレットでもう一度確認してみようかな

自分の予想と違って○○だったな

・自分の予想と比べてどうだったのかを明らかにするため、まずは、個人でまとめる。
「トレイの中の様子をまとめましょう。まとめたら、流れる水にはどのような働きがあるかを予想と比べながら書きましょう」
・タブレットやデジタルカメラの画像を確認しながら書くと、トレイの様子を正確にまとめられる。

4 実験の結果について言えることを
グループで話し合う 〈10分〉

・個人でまとめたものを交流する。
「流れる水についてまとめたものをグループ内で交流します。実際の川を想定したまとめになっているとよいですね」
・話し合いの中で、友達の意見を参考にしながらまとめをよりよいものにできるように声を掛ける。

第⑦時

流れる水の働きについて
まとめる

(本時のねらい)

・流れる水にはどのような働きがあるのかを実
験をもとにしてまとめることができる。

(本時の評価)

・流れる水には、土地を侵食したり、石や土な
どを運搬したり、堆積させたりする働きがあ
ることを理解している。知①

(準備するもの)

・タブレット型端末かデジタルカメラ
・ワークシート
・画用紙（またはホワイトボード）
・マジック
・侵食・運搬・堆積の様子がわかる写真や動画
・流域全体の写真や地図

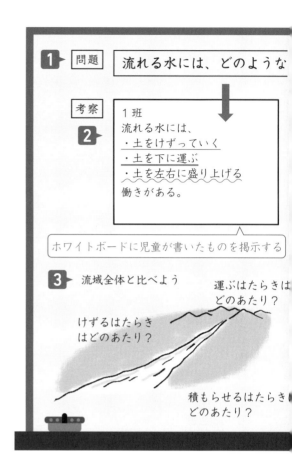

(授業の流れ) ▷▷▷

1 流れる水の働きについて
グループの考察を行う 〈10分〉

「流れる水の働きについてグループで話し合
い、まとめてください」

・グループのまとめに基づいて全体で考察をす
るので、大きな字で書くように伝える。

・鉛筆だと薄くて見えにくいので、マジックで
書くようにするとよい。

・実験結果を確認したいときは、タブレットを
使用できるようにする。

2 全体で、流れる水の働きに
ついて確認する 〈10分〉

どのグループもけずる
働きについてまとめて
いましたね

「みなさんの考察を見比べてみましょう。共通
しているところはありますか」

・グループごとにまとめたことを発表し、共通
点について確認する。

・侵食、運搬、堆積とは関係ない考えも、必要
に応じて価値付けを行う。

はたらきがあるのだろうか。

2班 流れる水には、 ・土を下に動かす ・<u>しゃ面をけずる</u>~~~~~ 働きがある。	3班 流れる水には、 ・<u>しゃ面をけずり、道をつくる</u>~~~~~ ・<u>土や砂を低い方へ運ぶ</u>~~~~~ ・<u>けずったわきに積もらせる</u>~~~~~ 働きがある。	4班 流れる水には、 ・<u>土をけずる</u>~~~~~ ・<u>土を運ぶ</u>~~~~~ ・流れのゆるやかなところに 　<u>積もらせいく</u>~~~~~ 働きがある。

4 ┤結ろん├

流れる水には、<u>土地をけずったり</u>（しん食）、<u>土や砂を運んだり</u>（運ぱん）、<u>積もらせたり</u>（たい積）する働きがある。
これらのはたらきは、長い年月をかけて行われ、土地の形を変化させている。

---

3 考察と実際の川を関連付けて
考える　　　　　　　〈15分〉

・川の写真や動画を見て、自分たちが調べたこととの関連付けを行うようにするとよい。
・モデル実験装置では短時間で水が流れる道ができたが、実際の川では、長い時間をかけて川の形が作られていくことを「時間的・空間的」な見方で捉えるようにする。

4 流れる水の働きについて
結論を導き出す　　　〈10分〉

・共通点をもとに、侵食、運搬、堆積の作用について結論付けをする。
「線を引いたところをもとに考えると、流れる水の働きにはどのようなものがあると言えますか」
・それぞれの働きについてまとめた後に、侵食、運搬、堆積の用語について指導し、これから使っていくことができるようにする。

第⑧時

増水した川の様子を見て問題を見いだす

本時のねらい
・増水した川の動画や画像を見て、流れる水の量が増えたときの土地の変化について問題を見いだし、予想をもつことができる。

本時の評価
・流れる水の量が増えたときの土地の様子について進んで関わり、粘り強く友達と交流しながら問題解決しようとしている。態①

準備するもの
・平常時と増水した時の川の写真や動画（国土交通省のライブカメラ等）

1 ○川の水が増えるとき
・大雨のとき
・こう水が起こったとき
・雨がふり続いたとき
・梅雨の時期
・ゲリラごう雨

・水の量が増えている。
・普段はきれいな川なのに、水がとてもにごっている。
・大雨がふると土地の様子が変わるのかな。

授業の流れ ▷▷▷

1 増水したときの川の様子の写真を見て話し合う 〈15分〉

川の水の量がちがうね

増水した川は濁っているね

・水の量を変化させたときの様子について問題意識がもてるようにする。
「2枚の写真を比べてみて、どのような違いがありますか」
・「大雨が続いたとき」「梅雨の時期」などがイメージできるようにする。
「右の写真はどのようなことが起こったときでしょうか」

2 問題を見いだす 〈10分〉

水量が増えると、どんなことが変わるのかな

・水量が変わると土地の様子はどのように変化するのかという「量的・関係的」な見方を働かせながら問題を見いだすことができるようにする。

2 問題 | 流れる水の量が増えると、流れる水のはたらきは
どのように変化するだろうか。

3 予想 | これまでに学んだことから考えると…

4 ○しん食は… もっと土地がけずられて、谷が深くなる。
川岸がけずられる。

○運ぱんは… もっと多くの土を運ぶ。
川が大量の土砂でにごる。
大きな岩や大木も運ばれる。

○たい積は… 流れが強いから、あまりたい積しない。
雨がやんで流れが弱まれば、一度にたまる。

3 土地の変化についての
予想を立てる 〈10分〉

このときよりも水
が多いとしたら…

・これまでの実験を基にして考えられるように
する。
・前時までに獲得した知識「侵食・運搬・堆
積」を基にして予想することができるように
する（もちろん他の視点を働かせてもよい）。
・4年「雨水のゆくえ」の学習を想起して考
えることもできる。

4 予想を交流する 〈10分〉

もっと土がけずられ
るんじゃないかな

運ぶ働きが増える
と土が海まで
流れてしまうかも

・理由の根拠を表現することができるようにす
る。
・根拠の説明をする際は、これまでのモデル実
験や生活経験を生かしたものとなるようにす
るとよい。

第⑨時

流れる水の条件による土地の変化を調べる方法を発想する

本時のねらい
・条件に着目して土地の変化を調べる計画を立てることができる。

本時の評価
・水の量を変えたときの土地の変化について予想や仮説を基に、解決の方法を発想して、表現するなどして問題解決している。思①

準備するもの
・土　　　・砂　　　・カラーサンド
・トレイ　・洗浄びん　・ようじ
・トレイを乗せる台
（第⑥時参照）

問題　◀1

流れる水の量が増えると、
流れる水のはたらきは
どのように変化するだろうか。

予想

・しん食、運ぱん、たい積のどのはたらきも大きくなる。

・しん食のはたらきは、変わらない。
　…地域の川では、雨が降ってもいつもと変わっていないから。

・運ぱんのはたらきだけ大きくなる。
　…台風の時に、石だけではなく木が流れてきから

授業の流れ ▷▷▷

1 予想を話し合い、整理する 〈10分〉

大雨の時は、川の水が濁っているから運ぱんの働きは大きくなると思うな

・雨の降り方とその様子を関連付けて話し合いができるようにする。
「実際の川を想定しながら考えましょう」
・どの働きも大きくなると考える子供や一部の働きのみ変わると考える子供など、そのように考えた理由を交流し、板書に整理するとよい。

2 予想を確かめる方法について考える 〈10分〉

川をイメージしたものがあるといいよね

だとしたら、これまでのトレイが使えそうだね

・解決の方法を発想する際には、前時までに使ったモデル実験装置を活用すればよいことに気付くことができるようにする。
・比較するのは、侵食、運搬、堆積の作用であることを確認する。
「それぞれの作用を調べるためにはどのように確認するとよいですか」

2 実験方法

- ・前回の実験と同じ方法で調べる
- ・トレイの土の様子を調べる。
〈しん食〉けずられた深さやはばを見る。
〈運ぱん〉カラーサンドの広がりの様子を見る。
〈たい積〉移動した土の量を見る。
　　　　　トレイの下の部分を見る。

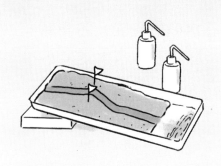

3

変える条件	変えない条件
水の量 ・洗じょうびん1本 ・洗じょうびん2本	土の量 川の形 川はば しゃ面のかたむき 水の流し方

4

結果の見通し

水のはたらきが大きくなるから、2本を同時に流す方が多くけずれたり運ばれたりすると思う。

---

3 変える条件と変えない条件
について考える　〈15分〉

変えるものは
水の量だけで
いいですね

「流れる水の量が増えたときの変化について調べるために、変える条件と変えない条件を整理しましょう」

- ・「条件制御」の考え方を働かせ、解決を進めることができるようにする。
- ・流れる水の量が増えたときの以外の条件を変えると正しい実験とならないことに気付くことができるようにする。

4 実験に必要なものを考え、
結果の見通しをもつ　〈10分〉

 水の量を変えると
いいのだから…

 洗浄びんの数を
増やすといいね

「実験に必要なもので追加しておきたいものはありますか」

- ・前回の実験器具に洗浄びんを1つ増やせばいいことに気付くことができるようにする。

「それぞれの予想が正しいとしたらどのような結果になると思いますか」

第⑩時

流れる水の量を変える実験を行い、調べたことをまとめる

本時のねらい

・条件に着目した実験を行い、流れる水の量が増えると侵食・運搬・堆積の働きが大きくなることを理解することができる。

本時の評価

・雨の降り方によって、流れる水の速さや量は変わり、増水により土地の様子が大きく変化する場合があることを理解している。知③
・実験結果を基に考察し、表現している。思②

準備するもの

・土　　　　　・砂　　・カラーサンド
・洗浄びん　　　　　　・トレイを乗せる台
・タブレット型端末かデジタルカメラ
・ワークシート 💿06-04
・川の水量が増えた後の土地の変化の様子がわかる動画

ワークシート 💿06-04

単元名 流れる水の働きと土地の変化	年　　組　　名前

月　日

😊 学習問題
流れる水の量が増えると、
流れる水のはたらきはどのように変化するだろうか。

変える条件	変えない条件

見通し

結果

考察

✏️

授業の流れ ▷▷▷

1 着目する条件を確認し、流れる水の量を変えた実験を行う 〈15分〉

洗浄びんを２つにするのは…　　変える条件と変えない条件は…

・着目する条件について確認する。
・水の量が増えたときの実験であることから、水の勢いは、変えないようにする。
・複数回実験を行い、土地の様子の変化について捉えられるようにする。
・実験の様子はタブレット型端末などで撮影し、洗浄びん１本と２本の実験の動画や画像と比較できるようにするとよい。

2 結果をワークシートに記録し、水の働きについてまとめる 〈10分〉

・必要に応じてタブレット型端末に記録した動画を見ることができるようにする。
・考察を書くときは、実験の結果と実際の川を関連付けながらまとめられるようにする。
・「量的・関係的」な見方を働かせ、水量が変わることで土地の様子が大きく変化することを確認できるようにする。

1

問題 | 流れる水の量が増えると、流れる水のはたらきは どのように変化するだろうか。

2

結果

洗じょうびん１本   洗じょうびん２本

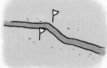 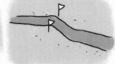

考察

・１本の時より２本の時の方が流れる水のは たらきが大きい。

・水の量が増えるとしん食・運ぱん・たい積 のはたらきが大きくなる

・実際の川で起きるとこう水などの災害につ ながる。

3

結ろん

　台風や梅雨など大雨が降り続くことによって、流れる水の量が増えると、それに ともなってしん食・運ぱん・たい積のはたらきが大きくなる。それらが、土地の様 子を変化させ、災害につながってしまうこともある。

---

3 考察を交流し、流れる水の量が増えた ときの働きについてまとめる 〈10分〉

・子供の考察を基に、侵食・運搬・堆積の作用 について整理し、まとめていくようにする。

「洗浄びん１本のときと２本のときの結果か ら、流れる水の働きについてどのようなことが 言えますか」

4 川の水量が増えたときの動画を見て、 感想や新たな疑問をもつ 〈10分〉

土地が変化 していく ことが わかるね

実際に川の 水量が増え ると災害に つながって しまうね

・実際の川の動画と導きだした結論を関連付け る。

・実際の川で、侵食・運搬・堆積の作用が大き くなると、災害が起きる可能性が高くなると いうことから、次時の問題へとつなげていく ようにするとよい。

第⑪時

川の水が増えることによる災害について考え、災害を防ぐ方法について考える

本時のねらい
・洪水などの災害からくらしを守るために必要なことについて考え、調べることができる。

本時の評価
・身の回りに起こりうる災害に対し、災害を防ぐための方法について、予想や仮説を基に、解決の方法を発想して、表現するなどして問題解決している。（思①）

準備するもの
・洪水が起きたときの写真や動画
・河原や町の様子がわかる写真やイラスト

1

堤防から水があふれ　　　堤防が
そうになっている。　　　こわれている。

田畑に水が流れ　　　　　住宅街に水が流れ
こんでいる。　　　　　　こんでいる

授業の流れ ▷▷▷

1 洪水などが起きたときの写真や動画を見て話し合う 〈7分〉

どのような働きで、このようなことが起きているのでしょう

・前時の感想から、災害のことについて感想や疑問を書いている子供の考えを引き出す。
「どのような状態の写真でしょうか。このような災害はどのようにして起きたのでしょうか」
・流れる水の量が増え、働きが大きくなったことで起きているという視点で画像を見られるようにする。

2 日常の場面でどのような危険が起こりうるか考える 〈8分〉

水量が増えると、危険だね

侵食の働きが大きくなると、橋も壊れてしまうかもしれないね

・災害を自分に関係することとしてとらえるために、日常の様々な場面の写真やイラストで考えられるようにする。
・普段はおだやかな場所でも、災害が起こる可能性があると気付くことができるようにする。

2 川の水が増えていくと…

テントが流されて
しまう。
命のき険も考えら
れる。

橋がこわれる。
車が流される。
住たくの中にも水
が流れてくるかも
しれない。

3 問題

こう水などの災害からくらしを守るために、どのような工夫が行われているだろうか。
また、私たちにできることはあるだろうか。

予想 ○工夫について
　　 てい防を作っている
　　川のはばを広げる工事をしている。
　　はい水の仕組みを工夫している。
　　ひなん場所を教えてくれている。

4 調べ方

インターネットでダムの仕組みを調べる
ハザードマップを見てひなんする場所に
ついて調べる。
図書室で川の歴史がわかる資料を探す。

---

3 問題を見いだし、身を守るための
工夫について予想を立てる〈10分〉

私たちの生命を守る
ためにどんな工夫が
あるのかな

私たちにできること
はあるのかな

・工夫が必要であることから、問題意識へとつ
　なげるようにする。
・災害による被害により、生命の危険もあると
　いう事実から、対策が必要であることに意識
　を向けられるようにする。
・自分自身にもできることはないかを考えるよ
　うに助言する。

4 調べる方法について
発想し、調べる　　〈20分〉

・身近な川を思い浮かべることで、どのような
　工夫があるかについてことを考えられるよう
　にする。
・一人一人の予想や仮説を基に、様々な解決の
　方法を発想できるようにするとよい。
「どのような手段で調べると、工夫を見つけた
り自分にできることを考えたりできそうです
か」

第⑫時

災害を防ぐための方法について調べ、自分なりの考えをもつ

本時のねらい
・災害から生命を守る工夫について調べたことをまとめるとともに、自分にできることについて考えることができる。

本時の評価
・流れる水の働きについて学んだことを学習や生活に生かそうとしている。（態②）

準備するもの
・コンピュータ（タブレット型端末）
・図書室の資料
・ハザードマップ
・ワークシート
・ダムや貯水池などの写真
・川に親しんでいる様子のイラスト

1 問題 こう水などの災害からくら
また、私たちにできること

2

川の水を調整し、こう水が起こるのを防ぐ。

水のいきおいを弱めて、川岸がけずられるのを防ぐ。

川の水を地下の水そうに流す。

こう水に備え、川の水を監視している。

授業の流れ ▷▷▷

1 災害を防ぐ工夫について調べる 〈15分〉

・調べることと調べ方について具体的な手立てをもって、調べることができるようにする。
・同じことを調べている仲間で、情報を共有しながら調べるとよい。

2 調べたことを発表し、交流する 〈10分〉

> ダムは、水量を調節しているんだね

> 川の下に、ブロックを置くと、侵食の働きを抑えることができるね

「それぞれの工夫はどのように役立っているのでしょうか」

・調べたことが私たちの生命を守るためにどのように役立っているのかについて話し合うとよい。
・侵食・運搬・堆積の用語を使うなど、これまでの学びを生かしながら交流できるとよい。

し を守るために、どのような工夫が行われているだろうか。
はあるだろうか。

一時的に水をた
め、流れる水の
量を減らす。

3 自分たちにできることは…
・ハザードマップで、どのような場所にき険があるのかを確認する。
・ひなん場所を確認し、ひなん時場所への生き方を家族で話し合う。
・大雨が降ったときは、天気予報で気象情報を確認する。
・いざというときは、自分で判断して行動したい。

災害によるひ害
を予測し、その
はん囲を地図に
したもの。

結ろん | 　災害からくらしを守るために、ブロックやダムなどをつくって、ひ害を最小限にするための工夫をして災害に備えている。身を守るために自分たちにできることをこれからも考えていくことが大切。

4 ・「治水」川の整備を行うこと
・「利水」川の水を利用すること
・「親水」川に親しみをもつこと

---

3 自分たちにできることについて
交流し、まとめる　　〈10分〉

「くらしを守るために、自分たちにできること
はありますか」
・自分の考えをもつことが大切だが、友達の考
えから、自分の水へのかかわりについて考え
を深めることができるようにする。
・ここでは考えを一つにまとめるのではなく、
どのように向き合っていくことが大切なのか
について考えられるようにしたい。

4 流れる水について考え、
感想をまとめる　　〈10分〉

・本単元では、主に「治水」について調べてい
るが、様々な工夫を通して、水を利用してい
ること「利水」や、川に対する親しみの気持
ちを持ち続けること「親水」の考えも大切に
できるようにするとよい。

第⑬／⑭時

身近な地域の川を観察し、記録をする

本時のねらい

・これまでに学んだことを関係付けながら、身近な川を観察して、川の様子や流れる水の働きについてまとめることができる。

本時の評価

・流れる水の働きついて学んだことを生かして調べ、学習や生活に生かそうとしている。態②

準備するもの

・ワークシート 🔘 06-05
・筆記用具
・観察にふさわしい服装（掲示用）

ワークシート 🔘 06-05

単元名　流れる水の働きと土地の変化	年　　組　名前

😊学習問題
（　　　　　）川の様子とくふう

授業の流れ ▷▷▷

1 観察する内容を確認する　〈15分〉

「私たちの地域を流れる川をこれまでに学んだことを生かして調べましょう」
・観察する内容（例）
　川原の石の大きさや形
　流れる速さ（外側と内側）
　災害を防ぐための工夫
・私たちの生命を守るためにどのように役立っているのかについて話し合うとよい。

2 川の様子を観察して記録をする　〈60分〉

水量の高さがわかるようになっていたよ

3m
2m
1m

ブロックが設置されているね

・安全に気を付けながら観察できるようにする。
・ワークシートは、イラストだけではなく、気が付いたことを言葉で記録していくようにする。

観察にふさわしい服そう

服そう

ぼうし

長そでの服

運動ぐつ

〈注意すること〉

・き険な場所には絶対に近付かない。
・先生の目のとどくはん囲で行動する。
・事前に天気予報を確認し、水量が増えているときは、見学に行かない。

3 観察した内容を交流する 〈15分〉

川の石の大きさを確認したよ

カーブの外側にブロックが設置してあるよ

このあたりの石は、小さくて丸いものが多いね

長い時間をかけてけずられていったんだね

外側の方が水の働きが大きいんだね

・自分の考えをもつことが大切だが、友達の考えから、自分の水へのかかわりについて考えを深めることができるようにする。

　実際の川が観察できないときは、図書室の資料やインターネットを活用し、地域の川について調べることができるようにするとよい。

7 天気の変化 B (4) ⎡12時間扱い⎤

単元の目標

　雲の量や動きに着目して、それらと天気の変化とを関係付けて、天気の変化の仕方を調べる活動を通して、それらについての理解を図り、観察、実験などに関する技能を身に付けるとともに、主に予想や仮説を基に、解決の方法を発想する力や主体的に問題解決しようとする態度を育成する。

評価規準

知識・技能	思考・判断・表現	主体的に学習に取り組む態度
①天気の変化は、雲の量や動きと関係があることを理解している。 ②天気の変化は、映像などの気象情報を用いて予想できることを理解している。 ③天気の変化の仕方について、観察、実験などの目的に応じて、器具や機器などを選択し、正しく扱いながら調べ、それらの過程や得られた結果を適切に記録している。	①天気の変化の仕方について、予想や仮説を基に、解決の方法を発想し、表現するなどして問題解決している。 ②天気の変化の仕方について、観察、実験などを行い、得られた結果を基に考察し、表現するなどして問題解決している。	①天気の変化の仕方についての事物・現象に進んで関わり、粘り強く、他者と関わりながら問題解決しようとしている。 ②天気の変化の仕方について学んだことを学習や生活に生かそうとしている。

単元の概要

　第1次では、雨が降るときの天気の変化の仕方を明らかにするために、1日の雲の量や動きに着目し、繰り返し観察する活動を通して、雲の量や動きと天気の変化の仕方とを関係付ける。

　第2次では、数日間の雲の量や動きに着目し、1日後から2日後へと時間の幅を広げながら繰り返し天気の変化を予想する活動を通して、単元を通して獲得した知識・技能を活用できるようにする。また、天気の予想や台風を扱い、学習を生活に生かすことのよさを実感するようにする。

(1)本単元で働かせる「見方・考え方」

　「天気の変化」の単元は「地球」を柱とした単元である。追究の過程においては、「雲の量や動きの変化」といった視点（時間的）や、「目の前に見える雲や空の広がり」といった視点（空間的）などの、「時間的・空間的」な視点で捉えて、天気の変化についての問題を見いだし、その問題を解決することによって、天気の変化の仕方をとらえるようにする。

　その過程では、天気の変化の仕方と雲の量や動きとの関係について、視点を明確にした観察方法を構想することを重視する。

(2)本単元における「主体的・対話的で深い学び」

　第5学年では、予想や仮説を基に、解決の方法を発想する力の育成を重視している。予想や仮説を発想する際にも、解決の方法を発想する際にも、経験を活用することが鍵となる。そこで本単元では、目の前の空とのつながりを意識できる授業展開とすることで、経験を活用して問題を解決する姿を生む。その経験を活用し、繰り返し天気の変化の仕方を予想して観察する活動を通して、普段何気なく目にしている気象情報と、目の前の空との間につながりがあることを見いだすことは、進んで天気の変化の仕方を明らかにしようとする意欲を高めることにつながる。また、追究の過程において、自分と他者との間で天気の変化の仕方についての予想や仮説に違いが生まれることは、より詳細に事物・現象を捉えようとするきっかけにもなる。以上の視点で授業を展開することで、「主体的・対話的で深い学び」を実現し、目指す資質・能力を育成する。

指導計画（全12時間）　詳細の指導計画は 💿 07-01参照

次	時	主な学習活動	評価
1	1	○雨が降るときの天気の変化について、雲と関係付けた根拠のある予想や仮説を発想し、観察の方法を考える。	（思①）
	2	**観察1** 空の様子を観察し、次時に向けて観察の方法を考え表現する。	（知③）
	3・4	**観察2** 観察する視点を決め、数日間、天気の変わり方を調べて、記録する。	知③
		観察3 観察する視点を決め、数日間、天気の変わり方を調べて、記録する。	
	5	○観察結果を整理し、天気の変化の仕方について考え、発表する。	知①・（思②）
2	6	**観察4** 目の前に見える雲の空間的な広がりを予想し、雲画像を用いて調べる。	（思①）
	7	**実験1** 雲画像の白色の濃淡と雲の厚みの関係について考え、調べる。	思①
	8	**観察5** 1日後の天気の変化の仕方を予想する。	（知③）
	9	**観察6** 2日後の天気の変化の仕方を予想する。	態①
	10	○天気の変化の仕方の予想と結果を整理し、天気の変化の規則性について考える。	知②・思②
	11	**観察7** 過去の台風情報を基に、今後の台風の動きについて考える。	知③
	12	○台風による災害について調べ、発表する。	態②

第①時

雨が降るときの天気の変化の仕方について考える

本時のねらい
・雲の量や色、形などに着目し、空を観察する活動を通して、天気の変化と雲とを関係付けた根拠のある予想や仮説を発想し、表現することができる。

本時の評価
・天気の変化の仕方について、観察結果を基に、雨が降るときの天気の変化の仕方について根拠のある予想や仮説をノートに表現している。（思①）

準備するもの
・校舎から撮影した、晴れ、くもり、雨の日の写真
・タブレット型端末かデジタルカメラ

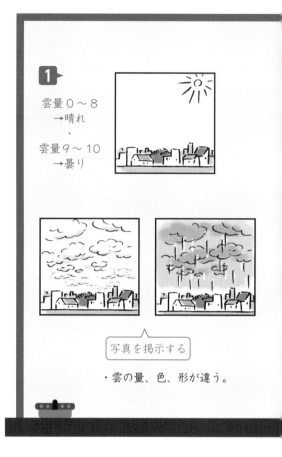

授業の流れ ▷▷▷

1 3枚の写真の比較から、天気の変化の仕方と雲の関係に着目する 〈15分〉

・晴れ、曇り、雨の3つの写真を提示する。

「空の様子を比べよう」

・天気による空の様子の違いについての気付きを引き出し、天気の変化と雲との関係に着目するきっかけを生む。写真を提示しない展開もあるが、湿度、気温、気圧等、子供が着目する点が多岐に渡り、子供自身では解決できなくなる場合もある。

2 話し合いを通して、問題を見いだす 〈10分〉

・「雲が多くても雨が降らないことがある」という事実を取り上げることで、雨が降るときの空の様子についての考えを引き出す。

・個々の見通しの違いから、曖昧な点を自覚できるようにし、問題を見いだせるようにする。

「どんなときに雨が降るのだろうか」

2 問題

どんなときに雨が降るのだろうか。

3 予想　　雲の量　　　空一面、一部だけでも

　　　　　　　雲の色　　　黒っぽい、白くても　　→　はっきりしないこと

　　　　　　　雲の形　　　もこもこ、平べったい　　　　がたくさんある

4 方法　　・雨が降りそうな日、降っている日に観察する。
　　　　　　・デジタルカメラで写真も写しておくとよさそう。

---

3 生活経験や3枚の写真を基に、根拠のある予想を発想する　〈10分〉

黒っぽい雲が近付いてくると、いつも雨が降ってくるよ

・3枚の写真の比較から見いだした、雲の量や色、形という視点に着目しながら、雨が降るときの空の様子について、根拠のある予想や仮説を発想できるようにする。
・次時に行う観察の際に、視点を明確にもてるように、それぞれの予想を板書で類型化する。
・雲の様子について、曖昧な点を浮き彫りにすることで、観察したいという意欲を生む。

4 次時に行う観察に向けて、観察の方法を発想し、表現する　〈10分〉

・観察の方法を発想できるように、4年「天気の様子」で観察した経験を引き出す。
・観察した結果を共有しやすくするために、デジタルカメラで空の様子を記録する方法も提案する。

第②時

観察する視点を決め、天気の変化の仕方を調べて、記録する

本時のねらい
・天気の変化の仕方について視点を明確にもって観察する活動を通して、調べた結果を適切に記録することができる。

本時の評価
・どんなときに雨が降るのかを調べ、それらの過程や得られた結果を観察カードに適切に記録している。（知③）

準備するもの
・観察カード
・タブレット型端末かデジタルカメラ

問題

どんなときに雨が降るのだろうか。

1

予想

雲の量：空一面、一部だけでも

雲の色：黒っぽい、白くても

雲の形：もこもこ、平べったい

はっきりしない！！

授業の流れ ▷▷▷

1 観察の前に前時を振り返り、観察の視点をもつ 〈5分〉

「どんなときに雨が降ると考えていましたか」
・雨が降るときの雲の様子について、予想したことを振り返り、見通しをもてるようにする。
・雲の量、色、形など、観察する視点を明確にもってから観察に臨めるようにする。
＊空を見るときに太陽を直接見ないこと、カメラやタブレットを使う場合も太陽を見たり写したりしないことを指導する。

2 校庭に出て、雲の様子を観察する 〈25分〉

「思っていた通りの雲だったかな」
・特に何に着目して観察しているのかを問い、予想と、実際の空とを比較できるようにする。
「新しく気付いたことはあるかな」
・雲量が多い日や雲の動きが速い日に観察を行えるようにすることで、雲の量や形が変化していることに着目しやすくする。

3

結果

雲の量：頭の上に大きな雲

雲の色：黒っぽい、グレー

雲の形：もこもこ、少しずつ変わっていた

結果（事実）と考察が区別できない子供もいるため、2つを分けて記述することで、その違いを捉えられるようにする

➕

雲の動き：少しずつ動いていた、大体同じ方向に

雲の量や形が、少しずつ変化している。

4

考察

・やはり天気の変化には雲が関係していそうだ。

・1時間ごとに雲の動きを観察すれば、雨が降るときと雲の関係を明らかにできそうだ。

・次は、「曇りのち雨」、「曇り時々雨」と予報されている日に観察しよう。

時間による変化に着目して観察できるように関わる

3	教室に戻り、気付いたことを発表する 〈10分〉

「雲の量や色、形は予想していた通りだったかな」

・「予想と違って…」「予想と同じで…」という発言を価値付け、最初の自分の考えと事象とを比較して考える態度を育む。

・時間の経過に伴って雲が変化しているという気付きを取り上げ、新たな視点であることを捉えられるように板書する。

4	次時の観察に向けて、観察の方法を発想し、表現する 〈5分〉

・「1回でははっきりしない」「1日に何度も観察しないと変化が分からない」という発言を取り上げ、「時間的」な視点で観察する方法を発想できるようにする。

・観察カードを自由に使えるようにし、「お天気ニュース」として掲示する場を設定することで、授業時間以外にも進んで粘り強く観察しようとする意欲を引き出す。

第③／④時

時間的な見方を働かせ、天気の変化の仕方を調べて、記録する

本時のねらい

・時間的な見方を働かせながら雲の量や色、形と天気の変化とを関係付けて観察する活動を通して、調べた結果を適切に記録することができる。

本時の評価

・どんなときに雨が降るのかを調べ、それらの過程や得られた結果を観察カードに適切に記録している。知③

準備するもの

・ワークシート 💿 07-02
・タブレット型端末かデジタルカメラ
・方位磁針

ワークシート 💿 07-02

単元名 **天気の変化**	年 組 名前
	月 日

☺ 学習問題
雲の様子と天気の変化

（ 色 ）
（ 形 ）
（ 動 き ）

授業の流れ ▷▷▷

1 観察の前に前時を振り返り、観察の視点をもつ 〈5分〉

「天気が雨に変わるとき、雲の様子はどのように変わっていくのでしょうか」

・雨が降るときの雲の様子の変化について予想し、観察の見通しをもてるようにする。

・雲の量、色、形などの時間的な変化に着目して、観察に臨めるようにする。

2 校庭に出て、雲の様子を観察する 〈30分〉

「天気はこの後、どのように変わっていくのでしょうか」

・1日に複数回観察を行う。観察を行っている際に、この後の天気の変化について問うことで、雲の動く向きに着目できるようにする。

| 問題 | どんなときに雨が降るのだろうか。 |

1

予想

・大きな雲が近付いてきたら雨が降るはず。

・雲がふくらみながら近付いてきて、雨が降るのかもしれない。

2時間後の天気を考えてみると…

3

結果　　考えたこと

・西の方に黒っぽい雲がたくさん見える。この後は雨になりそうだ。

・雲は動きながら量が増えていった。もっと量が増えて、雨になりそう。

> 時間的な視点で雲と天気の変化とを関係付けられるように、1度目の観察の後に今後の見通しを引き出す

---

3 教室に戻り、この後の天気の変化の仕方について考え、発表する〈10分〉

「2時間後の天気はどのように変化しそうかな」

・雲の動きと天気の変化とを関係付けた考えを取り上げ、どの子供も時間的な視点をもって、次の観察に臨めるようにする。

4 2時間後、再び校庭に出て雲の様子を観察する　〈45分〉

「雲の動きと天気の変化は予想した通りだったかな」

・2回目の観察を行っている際に、1回目の観察の見通しと比較できるように関わる。

・一連の活動を最低2日間は行い、合計4回は観察する機会をつくる。観察する日は晴れから雨だけではなく、雨から晴れへと、逆の変化が見られる日に設定するとよい。

第⑤時

観察記録を基に、雲と天気の変化の仕方とを関係付ける

（本時のねらい）
・観察結果を基に、天気の変化は、雲の量や色、形、動きと関係があることを捉えることができる。

（本時の評価）
・天気の変化は、雲の量や動きと関係があることを理解している。知①
・天気の変化の仕方について、観察、実験などを行い、得られた結果を基に考察し、表現している。（思②）

（準備するもの）
・これまでの観察カード
・デジタルカメラなどで撮影していた空の様子の写真

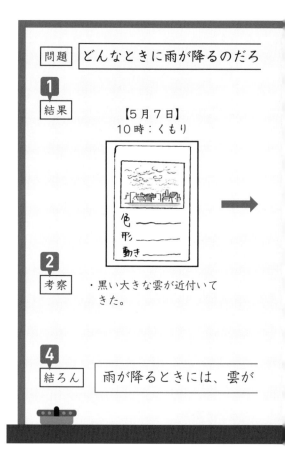

（授業の流れ）▷▷▷

1 1時間目のノートを見て、自分の予想を振り返る 〈5分〉

「どんなときに雨が降ると考えていたか、1時間目のノートを振り返りましょう」
・予想を振り返り、最初の自分の考えと比較しながら観察した結果を振り返ることができるように関わる。

2 複数日の観察結果を整理し、結果から言えることを考える 〈15分〉

「2日間の観察した結果から、どんなことが言えそうですか」
・事実だけをノートに記述している子供が居た場合、その事実から何が言えるかを考えられるように声をかける。
・授業時間以外にも観察した子供がいた場合には、板書にその記録も位置付ける。

うか。

【5月9日】

12時：雨

・雨を降らせる雲にもいくつか種類がありそうだ。

10時：雨

子どもが雲の様子について説明する際に、撮影していた空の様子をテレビに映して、イメージを共有できるようにする

・黒っぽい雲がなくなってきたら、雨が弱くなってきた。

12時：はれ

・雨からはれに変化した。雲も天気も変化し続けていた。

関係していた。天気は、雲の量や動きによって変化している。

3　結果から言えることについて、クラスで話し合う　〈15分〉

「結果から言えることについて、話し合いましょう」

・雨が降った日の観察結果を、時間毎に整理することで、子供が雲と天気の変化の仕方とを関係付けられるようにする。

・晴れから雨への変化だけではなく、雨から晴れへと、逆の変化が見られた結果を位置付けるとよい。

4　観察結果、話し合ったことを基に、結論をまとめる　〈10分〉

「雨が降るときと、雲との関係について、ノートに考えをまとめましょう」

・結論をまとめる際には、自分の目で見たこと、友達の考えを聞いて考えたことを中心に書くように伝える。自分で確かめたことを大切にするように関わることが、自然事象をじっくりと見つめ、簡単に分かったつもりにならない子供の態度を育むことにつながる。

第⑥時

雲の空間的な広がりについて考える

本時のねらい

・目の前に見える雲の大きさを調べる活動を通して、雲の空間的な広がりに気付くとともに、雲画像と実際の雲の見え方の違いから問題を見いだすことができる。

本時の評価

・雲の空間的な広がりに着目し、実際の雲と雲画像の見え方の違いから問題を見いだしている。（思①）

準備するもの

・タブレット型端末（グループ分）
　もしくはパソコン室での活動も考えられる
・授業直前に撮影した、学校の上にある雲の画像
・住んでいる都道府県や地方の大きさが分かる地図

デジカメで撮影した写真をテレビに映して提示する方法も考えられる。

1

・札幌市くらい？
・見える範囲は全て雲だからとなりの小樽市までつながっているかも。

2

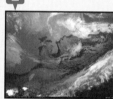

・雲が北海道全体をおおっている。
・大きな雲が北海道の反対までつながっている。
・目の前の雲と色が違う。

授業の流れ ▷▷▷

1 目の前に見える雲の空間的な広がりについて予想し話し合う 〈5分〉

「目の前に見える雲はどこまで広がっているのでしょうか」

・雲の空間的な広がりに着目できるように、目の前に見える雲の広がりについての考えを引き出し、雲画像を用いて雲の大きさを調べるきっかけを生む。前時の2時間後の範囲をイメージする。

・黒っぽい雲に覆われている日を選ぶとよい。

2 雲画像を用いて、目の前に見える雲の空間的な広がりを捉える 〈20分〉

「人によって大きさについて考えの違いがあるようですね。コンピュータを用いて調べてみましょう」

・気象庁の HP や tenki.jp などで雲画像が見られる。本学習展開であれば、日本を四つの地域に分けてより詳細に雲の動きを観察できる tenki.jp の赤外線画像を利用するとよい。

| 問題 | 目の前に見える雲と雲画像の色がちがうのはどうしてかな。 |

3

| 予想 |

黒っぽい雲は、元々黒いのではなく、
厚いから光を通さないのかもしれない。

> 飛行機に乗ったとき、雲の上から見ると全部真っ白だった。

4

| 方法 |

・だっし綿を上から見たり、下から見たりする。
・だっし綿を重ねて、下から見える色の変化を調べる。

---

3 雲画像の色と、目の前に見える雲の色との違いについて話し合う 〈10分〉

「目の前に見える雲と雲画像とを比較して、色の違いに気付いている人がいました。なぜ違いが生まれているのでしょうか」

・黒っぽい雲に覆われている日に赤外線画像を提示すると、色の違いに気付く子供がいる。もしも目を向ける子供がいなければ、目の前に見える雲との比較を促す。

4 問題について、予想を確かめるための解決の方法を発想する 〈10分〉

「予想を確かめるためにはどのような実験をすればいいでしょうか」

・実験方法を考える際に、雲の代わりに脱脂綿を用いることを提案する。

・厚さや見る向き、水分の有無なども含めて方法を考えた後に、結果の見通しも引き出す。

第⑦時

雲の空間的な広がり（縦の広がり）について考える

本時のねらい

・目の前に見える雲の色と雲画像の色の違いが生まれた要因を探る活動を通して、雲画像の濃淡と雲の厚みを関係付け、雲の空間的な広がりを捉えることができる。

本時の評価

・雲が黒っぽく見えることについて、予想や仮説を基に、解決の方法を発想し、表現している。思①

準備するもの

・脱脂綿（グループ分）
・画用紙とペン

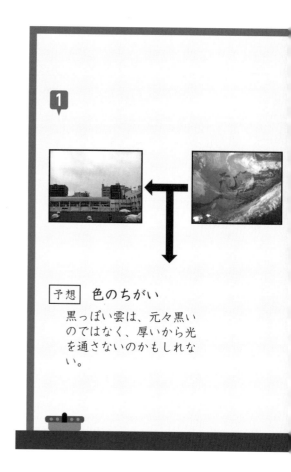

予想 色のちがい

黒っぽい雲は、元々黒いのではなく、厚いから光を通さないのかもしれない。

授業の流れ ▷▷▷

1 予想を振り返り、発表する 〈5分〉

「色が違って見えるのはどうしてなのかな」

・雲の厚みによって雲の色の見え方が変化することを捉えられるように、綿やティッシュなどを用いて実験する場を位置付ける。

2 脱脂綿を用いて、見え方の変化を探る 〈15分〉

「厚さによって色の見え方に違いはあるかな」

・厚く重ねて雲が黒っぽく見える様子を再現したグループには、雲が白く見えるときの様子を再現するように促し、厚さによる雲の色の見え方の違いについて考えられるようにする。

目の前に見える雲と雲画像の色がちがうのはどうしてかな。

結果 **2**

うすく小さいときには、下から見ても白いままだ。

重ねて厚くする程、下から見ると黒っぽく見える。

考察 **3**

雲の厚さと雨量を結び付けられるように、厚い雲がかかっている地域の天気についての見通しを引き出し、調べる意欲を生む。

太陽の光をさえぎるほど厚いから黒っぽく見える。厚い雲だから雨も降るんだ。

4

結ろん 目の前に見える雲が黒っぽく見えるのは、雲が厚いからだ。だから、黒っぽい雲があるときには雨が降っていたんだ。

---

3 実験結果を図に表し、色が違って見える要因を説明する 〈10分〉

「実験から分かったことを、実際の雲の様子と繋げて考えてみましょう」

・図に表すことで、実験と実際の雲の様子を結び付けて考えられるようにする。

4 厚い雲がかかっている地域の現在の天気を調べる 〈15分〉

「厚い雲がかかっている地域の今の天気はどうなっているのかな」

・厚い雲がかかっている地域の天気を調べる活動を通して、雲の空間的な広がり（縦の厚み）と天気とを関係付けて考えるようにする。

・雲画像と雨雲レーダーやアメダス（雨）とを関係付けて見るようにする。合成画像があるとより分かりやすい。

第 ⑧ 時

時間的・空間的な見方を働かせて、天気の変化を予想する

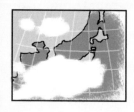

1

・厚い雲がかかっているところは
　雨が降っている。
・雲の動きで予想できそう。
・風向きで雲の動きはバラバラ？

本時のねらい

・雲の量や動きに着目して、気象情報と関係付けて天気の変化の仕方を調べる活動を通して、天気はおよそ西から東へ変化していくという規則性を見いだすことができる。

本時の評価

・天気の変化を予想するために、映像などの気象情報を正しく扱いながら調べ、それらの過程や得られた結果を適切に記録している。
（知③）

準備するもの

・コンピュータ（タブレット型端末）
・３日分の雲画像とアメダスの画像
・現時点での雲画像とアメダスの画像
　（数日前のデータが手に入ったり保存したりしているならば、雨雲レーダーでもよい）

授業の流れ ▷▷▷

1 天気の変化を予想することに
見通しをもつ　　　　〈5分〉

「目の前に見える雲は今どこまで広がっているのでしょうか」

・気象情報と目の前の空との間につながりを見いだせるように、現時点での気象情報と目の前の空の様子とを結び付けられるようにする。

2 話し合いを通して
問題を見いだす　　　〈5分〉

「もっと長い時間の天気の変化も予想することができそうですか」

・地域によっては、天気とともに気温も同時に予想する場を位置付けることで、住んでいる地域と、そこよりも西側にある地域との空間的なつながりに気付けるようにし、根拠のある予想や仮説を発想できるようにする。

2 気象情報を使えば、自分でも天気の変化を予想できるのだろうか。

3

予想
・雲は決まった方向に動いていたから、天気の変化にはきまりがありそうだ。
・厚い雲の動きを調べれば、天気の変化を予想することができそうだ。

方法
・数日分の雲画像を見て、1日でどれくらい雲が動くのか調べる。
・雨を降らせる厚い雲の動きに注目して調べる。
・雲画像とアメダスをつなげて考える。

5月10日正午

5月11日正午

5月12日正午

4 5月13日正午

西側にある雲が通り過ぎていそうだから、いったんくもるけど、明日の正午には晴れていそうだ。

3 経験を基に根拠のある予想や仮説を発想する 〈10分〉

・天気の変化の仕方を調べられるように、気象庁のウェブページ、tenki.jp の雲画像、アメダスの降水量情報、国土交通省のライブカメラなどがあることを知らせる。
・第⑩時で紹介する利用可能な気象情報を参照するとよい。

4 気象情報を用いて1日後の天気の変化の仕方を予想する 〈25分〉

「明日の同じ時刻の天気はどうなると予想しましたか」
・晴れか雨かという判断の結果のみならず、なぜそのように考えたのかという根拠を引き出し、雲の動きの規則性に目が向くようにする。

第⑨時

2日後の天気の変化を予想する

（本時のねらい）
・天気の変化の仕方の規則性を活用し、2日後の天気を予想する活動を通して、気象情報と目の前の空との間につながりを見いだすことができる。

（本時の評価）
・2日後の天気を予想する活動に進んで関わり、粘り強く、友達と交流しながら問題解決しようとしている。態①

（準備するもの）
・コンピュータ（タブレット型端末）
・3日分の雲画像とアメダスの画像
・現時点での雲画像とアメダスの画像

5月13日正午

・予想通り札幌の天気は晴れだった。
・風向きによらず、雲はだいたい西から東に動いていそう。
・遠くの雲を見れば、もっと先の天気も予想できそうだ。

（授業の流れ）▷▷▷

1 予想と結果を比較し、さらに先の天気も予想できそうだという見通しをもつ　〈5分〉

「予想と比べてどうでしたか」
・「もっと先の天気も予想できそうだ」という考えを取り上げることで、見いだした規則性を活用して天気の変化の仕方を予想しようとする意欲を引き出す。

2 経験を基に、根拠のある予想や仮説を発想する　〈5分〉

「もっと長い時間の天気の変化も予想することができそうですか」
・ここでは、1日後の天気の変化の仕方を予想した経験を活用して考えている子供の姿を価値付けたい。こうした教師の関わりが、学んだことを学習や生活に生かそうとする主体的に学習に取り組む態度を涵養することにもつながる。

気象情報を使えば、2日後の天気の変化も予想できるのだろうか。

 2
予想
・雲の動きのきまりを使えば
予想できそうだ。

 3
方法
・もう少し西側の雲の動きを調べる。
・海の上でアメダスの情報だと判断できないから、
今回は雨雲レーダーと雲画像を使う。

4

5月13日正午

5月14日正午

?

5月15日正午

?

アメダス

西の雲が移動す
るので、雨が降
りそうだ。

1日の雲の動きを基に
2日間の雲の動きを予
想すると、2日後はく
もりになりそうだ。

---

3 天気の変化の仕方を予想するための
解決の方法を発想する 〈5分〉

・本学習展開のように時間の幅を広げて予想す
る活動を行う場合、地域によっては活用でき
ない気象情報が出てくる場合がある。一見、
不便なようにも思えるが、同じ気象情報を用
いて予想する活動を繰り返すよりも、目的に
応じて情報を正しく扱う情報リテラシーを高
めることができるというよさもある。

4 気象情報を用いて2日後の天気の
変化の仕方を予想する 〈30分〉

「2日後の同じ時刻の天気はどうなると予想し
ましたか」

・複数の気象情報を関係付けて調べる必要感を
生むために、天気の変化の仕方を予想する際
には、「晴れ、雨、くもり」といった結果だ
けではなく、これからどのように天気が変化
していくのかという、変化の過程も予想する
ように促す。

第⑩時

天気の変化の仕方について
得られた結果を基に考察する

本時のねらい
・天気の予想から得られた結果を基に考察する
活動を通して、天気の変化は気象情報を用い
て予想できることを理解することができる。

本時の評価
・天気の変化は、映像などの気象情報を用いて
予想できることを理解している。知②
・天気の変化の仕方について、観察から得られ
た結果を基に考察し、表現している。思②

準備するもの
・タブレット型端末もしくはパソコン
・3日分の雲画像とアメダスの画像
・現時点での雲画像とアメダスの画像

《天気の変化の学習に使える気象情報一覧》
・気象庁の HP
・国土交通省の HP
・日本気象協会 HP（tenki.jp）
・ウェザーニューズ
・アメダス（気象庁）
・雨レーダー（バイオウェザーサービス）
・検索サイト等の天気
・NICT サイエンスクラウド　ひまわり衛星
プロジェクト
・ダジック・アース　など
　この他にも授業で活用可能なアプリも
日々開発されている。実践前に調べるよう
にする。

※ネットワーク環境によって動作が遅くな
る場合もある。授業の前に確認し、使い
方等を理解しておくとよい。

授業の流れ ▷▷▷

1 予想と結果を比較する 〈10分〉

「予想と比べてどうでしたか」
・天気の変化の仕方を予想した際に根拠とした
雲の動きと、実際の天気の変化の仕方とを関
係付けられるようにすることで、天気はおよ
そ西から東へ変化していくという規則性を見
いだせるようにする。

2 得られた結果を基に考察し、
表現する 〈15分〉

「天気を予想して得られた結果から、どんなこ
とが言えそうですか」
・「雲がおよそ西から東に動いている」という
規則性を捉えた後に、実際に見える雲を観察
する時間や、数日分をまとめた雲の動きを見
る時間をとる。地上風の状況によっては一致
しないこともあるが、規則性と目の前の空と
のつながりを意識できるようにする。

気象情報を使えば、2日後の天気の変化も予想できるのだろうか。

1 結果　5月15日正午

アメダス

・予想通り、昨日は雨だったけど、今日の札幌の天気はくもりだった。

2 考察

・雲はおよそ西から東に動いていた。
・天気も、雲の動きにつれて、およそ西から東に変化していく。
・雲の動きにきまりはないと思っていたけど、よく見ると目の前の雲もいつも西から東に動いている。

3

雲がおよそ西から東に動いているから、天気も西から東に変化する。雲の様子を観察したり、気象情報をもとにしたりして、自分でも天気の変化を予想することができる。

---

3 天気の変化の仕方について、これまでの学習を基にノートにまとめる　〈10分〉

「これまでの学習を振り返り、雲と天気の変化の関係について、ノートに自分の言葉でまとめましょう」

・分かったことだけではなく、学びの過程も含めて振り返るように促すことで、学び方を客観的に見つめるきっかけを生む。

4 地域に伝わる観天望気やことわざを紹介する　〈10分〉

夕焼けが見えるということは西側に雲がないということだから…

「結論を基に、天気のことわざについて考えてみましょう」

「○○山に雲がかかると、まもなく雨が降る」
「夕焼け空は明日晴れ」　など

・昔から伝わる天気の予想に関わることわざに、発見した規則性が当てはまることを捉えることは、自然事象をじっくりと観察することの価値を捉えることにもなる。

第⑪時

気象情報を基に、台風による天気の変化について調べる

（本時のねらい）
・過去の台風資料を用いて、1枚の地図上に台風の経路を記録する活動を通して、台風の動きの規則性について考えることができる。

（本時の評価）
・台風による天気の変化について、目的に応じて、気象情報を正しく扱いながら調べ、それらの過程や得られた結果を適切に記録している。知③

（準備するもの）
・コンピュータ（タブレット型端末）
・住んでいる地域に大雨が降った日の雲画像とアメダス
・台風が来ている日の雲画像とアメダス

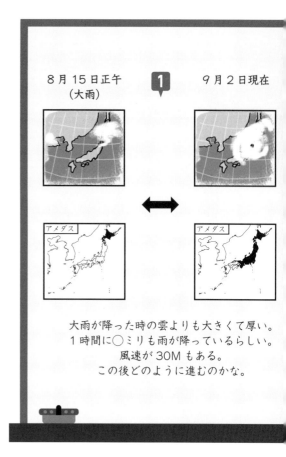

8月15日正午（大雨）　9月2日現在

大雨が降った時の雲よりも大きくて厚い。
1時間に〇ミリも雨が降っているらしい。
風速が30Mもある。
この後どのように進むのかな。

（授業の流れ） ▷▷▷

1 大雨が降った日と台風の雲画像を比較し、問題を見いだす 〈10分〉

「大雨が降った日の雲画像と、今日の台風の雲画像を比べましょう」

・大雨が降った日の雲画像と、台風の雲画像を比較することで、台風の雲がかかる範囲や影響の大きさについて、根拠をもって考えられるようにする。

・実際に地域に影響を与えそうな台風が接近するときは、適宜扱うものとする。

2 台風の動き方について根拠のある予想や仮説を発想する 〈10分〉

・①で雨の強さ、風の強さを捉えると、子供は台風の進路を自分事として考え始める。

「台風は、今後どのように動くのかな」

・ここ数年で台風による影響を受けたことがある地域と受けていない地域とでは、経験や危機感が異なる。子供の実態に応じて、予想の具体の程度も異なることを考慮する。

| 問題 | 台風は、今後どのように動いていくのだろうか。 |

2

| 予想 | ・北海道にはあまり来ないから、途中で曲がるのかもしれない。
・天気の変化にもきまりがあったから、台風の動きにもきまりがありそう。 |

| 方法 | これまでの台風の動き方を調べればわかりそうだ。 |

3

| 結果 | 南で多く発生する
一度西の方に進む
日本に近付くと北東に進む |

| 考察 | このまま進むと札幌に近付きそうだ。
台風にも動き方のきまりがありそうだ。
北海道に近付くとうずの形がなくなることもある。 |

4

| 結論 |

台風の雲の動きにはきまりがありそうだ。天気は、台風の動きによって変化し、台風が近付くと、雨と風がとても強くなる。

---

3 1枚の地図に前年度に上陸・接近した台風の経路を書き込む〈15分〉

「自分の住んでいる地域に台風の中心は通っているのかな」

・一見ばらばらに見える台風の経路も、1枚の紙に、1年間で発生し、日本に上陸・接近した台風の経路を書き込んでいくと、動きの傾向を捉えることができる。

・接近中の台風を扱うときは、進路予想図も加える。

4 過去の台風経路図から台風の動き方について傾向を捉える 〈10分〉

「台風の動き方にはどんなきまりがありそうですか」

・一つの結果から結論付けるのではなく、複数の結果を基に傾向を捉え、規則性を見いだすことは、5年生の他の単元でも生かしていけるものである。

・社会科で学習した地域（4年）や広域（5年）の過去の災害と関係付けることも検討する。

第⑫時

台風による災害について調べ、自分に何ができるか考える

本時のねらい

・台風による災害について調べる活動を通して、自分の生活にも影響を及ぼす場合があることに気付き、自分にできることについて考えることができる。

本時の評価

・天気の変化の仕方について学んだことを学習や生活に生かそうとしている。態②

準備するもの

・コンピュータ（タブレット型端末）
・住んでいる都道府県で過去にあった事故や災害などの写真や記事
・ハザードマップ

強風・大雨によって、どんな被害が？

新聞記事を掲示する

授業の流れ ▷▷▷

1 台風による災害について話し合う 〈5分〉

台風が近づいた地いきでは、大あれの天気になっているね

予報では、これからわたしたちの住んでいる地いきに近づくみたいだよ

「台風が近付くと何が変化しましたか」

・台風の被害が少ない地域の子供は、台風による被害といってもすぐに思い付かない場合もある。しかしそのような子供ほど、台風による被害の大きさについて知る必要がある。そこで、自分の住んでいる地域（都道府県）で過去に起きた災害の有無について問い、調べる意欲を引き出す。

2 住んでいる地域の過去の被害について話し合い問題を見いだす 〈10分〉

・毎年のように台風による影響を受けている地域と、受けていない地域とでは、情報量が大きく異なる。地域の実態に応じて、予想の具体の程度も異なってくると考えられる。

＊台風の大雨や強風によって起きた災害の写真を扱う際には、被災状況など地域や子供の実態に応じて配慮して扱う。

2

問題	台風による強風や大雨によって、どのような災害が起こるのか。

予想	・物がふきとばされたり、こわれたり 　しそう。 ・川の水もあふれるかもしれない。	方法	・住んでいる地域でもひ害が 　あったのかをインターネッ 　トで調べる。

結果	強風　**3**　　大雨

木が折れたり、鉄とうがこわれたことも
もしその近くにいたら…

こう水、土砂くずれ、しん水
自分の家の周りは大丈夫なのかな

4

考察	ハザードマップで調べたり、ひ難場所を調べたりしておく必要がある。

結論	台風による強風や大雨は、様々な災害を起こすことがある。気象情報を読み取り 十分に注意することと、ふだんからの備えが大切だ。

---

3 自分の生活にも影響が及ぶ
場合があることに気付く 〈15分〉

もしその近くに
いたら…

「自分の身の回りで起きたら、どうなってしまうかな」

・インターネットの情報になると、事実と心理的な距離との開きは大きくなる。そこで、自分の生活と結び付けて考えるように関わることで、被害の大きさを想像できるようにする。

・実際の台風の接近と同時に扱った場合は、実感を伴って考えられるように関わる。

4 日頃からの備えについて考える
〈15分〉

「台風による被害から生命を守るために、自分たちにできることは何だろう」

・市区町村で発行している災害に関わる資料などを提示し、こう水が起きたときの行動の仕方について考えておけるようにする。

・「流れる水の働き」と関係付けて、同時に扱うことや導入のきっかけにするなどの工夫も検討する。

編著者・執筆者紹介

[編著者]

鳴川　哲也（なるかわ・てつや）　　　　文部科学省初等中等教育局教育課程課 教科調査官
　　　　　　　　　　　　　　　　　　　国立教育政策研究所教育課程研究センター研究開発部
　　　　　　　　　　　　　　　　　　　教育課程調査官・学力調査官

1969年福島県生まれ。福島県の公立小学校教諭、福島大学附属小学校教諭、福島県教育センター指導主事、公立学校教頭、福島県教育庁義務教育課指導主事を経て、平成28年度より現職。
著書に『アクティブ・ラーニングを位置付けた小学校理科の授業プラン』（編著、明治図書出版、2017）、『小学校理科指導スキル大全』（編著、明治図書出版、2019）、『イラスト図解ですっきりわかる理科』（共著、東洋館出版社、2019）がある。

鈴木　康史（すずき・やすし）　　　　　神奈川県横浜市立小机小学校　校長

1966年神奈川県生まれ。東京学芸大学で学んだ後、横浜市の公立小学校教諭、主幹教諭、副校長、横浜市教育委員会指導主事、主任指導主事を経て、現職に至る。全国小学校理科教育研究大会会場校および文部科学省総合的な学習の時間モデル事業の研究主任を勤める。文部省の学習指導要領解説理科編作成協力者、文部科学省の評価規準、小学校理科の観察、実験の手引き、国立教育政策研究所の教育課程実施状況調査、学習指導要領実施状況調査、全国学力・学習状況調査等の委員を歴任。専門は、小学校理科（主に地学教育）。

[執筆者]　＊執筆順。所属は令和 2 年 2 月現在。

鳴川　哲也	（前出）		●まえがき ●資質・能力の育成を目指した理科の授業づくり
鈴木　康史	（前出）		●第 5 学年における授業のポイント ●第 5 学年における板書のポイント
古川　祐子	埼玉県さいたま市立大砂土東小教諭	● 1	物の溶け方
榊田　航亮	青森県八戸市立西白山台小学校教諭	● 2	振り子の運動
平井　佐知	北海道旭川市立青雲小学校教諭	● 3	電流がつくる磁力
原田　直宏	大分県日田市立高瀬小学校教諭	● 4	植物の発芽、成長、結実
渡辺　南	埼玉県さいたま市立上里小学校教諭	● 5	動物の誕生
加藤　久貴	北海道旭川市立大有小学校教諭	● 6	流れる水の働きと土地の変化
鐙　孝裕	北海道教育大学附属札幌小学校教諭	● 7	天気の変化

『板書で見る全単元・全時間の授業のすべて　理科　小学校 5 年』付録 DVD について

・各フォルダーには、以下のファイルが収録されています。
① 板書の書き方の基礎が分かる動画（出演：成家雅史先生）
② 授業で使える短冊類（PDF ファイル）
③ 学習指導案のフォーマット（Word ファイル）
④ 詳細の指導計画
⑤ 児童用のワークシート（PDF ファイル）
⑥ 黒板掲示用の資料
⑦ イラスト
・DVD に収録されているファイルは、本文中では DVD のアイコンで示しています。
・これらのファイルは、必ず授業で使わなければならないものではありません。あくまで見本として、授業づくりの一助としてご使用ください。
※イラスト素材のファイル番号は便宜的に振ってあるため、欠番がある場合があります。ご了承ください。

【使用上の注意点】
・この DVD はパソコン専用です。破損のおそれがあるため、DVD プレイヤーでは使用しないでください。
・ディスクを持つときは、再生盤面に触れないようにし、傷や汚れ等を付けないようにしてください。
・使用後は、直射日光が当たる場所等、高温・多湿になる場所を避けて保管してください。
・PDF ファイルを開くためには、Adobe Acrobat もしくは Adobe Reader がパソコンにインストールされている必要があります。
・PDF ファイルを拡大して使用すると、文字やイラスト等が不鮮明になったり、線にゆがみやギザギザが出たりする場合があります。あらかじめご了承ください。

【動作環境　Windows】
・〔CPU〕Intel® Celeron® プロセッサ360J1. 40GHz 以上推奨
・〔空メモリ〕256MB 以上（512MB 以上推奨）
・〔ディスプレイ〕解像度640×480、256色以上の表示が可能なこと
・〔OS〕Microsoft Windows10以降
・〔ドライブ〕DVD ドライブ

【動作環境　Macintosh】
・〔CPU〕Power PC G4 1.33GHz 以上推奨
・〔空メモリ〕256MB 以上（512MB 以上推奨）
・〔ディスプレイ〕解像度640×480、256色以上の表示が可能なこと
・〔OS〕Mac OS 10.12（Sierra）以降
・〔ドライブ〕DVD コンボ

【著作権について】
・DVD に収録されているファイルは、著作権法によって守られています。
・著作権法での例外規定を除き、無断で複製することは法律で禁じられています。
・DVD に収録されているファイルは、営利目的であるか否かにかかわらず、第三者への譲渡、貸与、販売、頒布、インターネット上での公開等を禁じます。
・ただし、購入者が学校での授業において、必要枚数を児童に配付する場合は、この限りではありません。ご使用の際、クレジットの表示や個別の使用許諾申請、使用料のお支払い等の必要はありません。

【免責事項】
・この DVD の使用によって生じた損害、障害、被害、その他いかなる事態についても弊社は一切の責任を負いかねます。

【お問い合わせについて】
・この DVD に関するお問い合わせは、次のメールアドレスでのみ受け付けます。　tyk@toyokan.co.jp
・この DVD の破損や紛失に関わるサポートは行っておりません。
・パソコンやアプリケーションソフトの操作方法については、各製造元にお問い合わせください。

板書で見る全単元・全時間の授業のすべて
理科 小学校 5 年
～令和 2 年度全面実施学習指導要領対応～

2020(令和 2)年 4 月 1 日　初版第 1 刷発行
2024(令和 6)年 6 月21日　初版第 5 刷発行

編 著 者：鳴川哲也・鈴木康史
発 行 者：錦織圭之介
発 行 所：株式会社東洋館出版社
　　　　　〒101-0054　東京都千代田区神田錦町 2 丁目 9 番 1 号
　　　　　　　　　　　コンフォール安田ビル 2 階
　　　　　代　　表　電話 03-6778-4343　FAX 03-5281-8091
　　　　　営 業 部　電話 03-6778-7278　FAX 03-5281-8092
　　　　　振　　替　00180-7-96823
　　　　　U　R　L　https://www.toyokan.co.jp

印　　刷：藤原印刷株式会社
編集協力：株式会社ダブルウイング

装丁デザイン：小口翔平＋岩永香穂（tobufune）
本文デザイン：藤原印刷株式会社
イラスト：赤川ちかこ（株式会社オセロ）
DVD 制作：秋山広光（ビジュアルツールコンサルティング）
　　　　　　株式会社オセロ

ISBN978-4-491-03997-8　　　　　　　　　Printed in Japan